华章经管

HZBOOKS | Economics Finance Business & Management

陈春花管理经典

激活组织

从个体价值到集合智慧

Inspire the Organization

陈春花◎著

机械工业出版社
China Machine Press

图书在版编目（CIP）数据

激活组织：从个体价值到集合智慧 / 陈春花著．—北京：机械工业出版社，2017.4
（陈春花管理经典）

ISBN 978-7-111-56578-9

I. 激… II. 陈… III. 组织管理－研究 IV. C936

中国版本图书馆 CIP 数据核字（2017）第 061853 号

激活组织：从个体价值到集合智慧

出版发行：机械工业出版社（北京市西城区百万庄大街 22 号 邮政编码：100037）
责任编辑：董凤凤 责任校对：李秋荣
印 刷：北京市荣盛彩色印刷有限公司 版 次：2017 年 5 月第 1 版第 1 次印刷
开 本：170mm×242mm 1/16 印 张：13.75
书 号：ISBN 978-7-111-56578-9 定 价：49.00 元

凡购本书，如有缺页、倒页、脱页，由本社发行部调换
客服热线：（010）68995261 88361066 投稿热线：（010）88379007
购书热线：（010）68326294 88379649 68995259 读者信箱：hzjg@hzbook.com

CONTENTS

目录

导语 **驾驭不确定性是组织管理的核心挑战** 001

不确定性成为常态 003

组织需要驾驭不确定性 006

组织成员拥有持续创造力是根本解决之道 007

第 1 章 **组织环境的新特征** 011

变自生变 012

新族群 018

渠道新属性 022

新进入者 027

共享经济 029

第 2 章 **重构企业认知** 035

重塑边界已经成为事实 036

认识未知而非经验传承 041

第 3 章　**获取持续成长的管理秘诀**　045

增长型组织思维　047

自驱动变革文化　056

符合市场与客观发展规律的企业逻辑　061

管理不确定性的能力　070

第 4 章　**激活个体与组织赋能**　081

效率来自协同而非分工　083

激励价值创造而非考核绩效　088

新文化　092

第 5 章　**激活组织的七项工作**　107

第一项：打破内部平衡　111

第二项：基于契约的信任　119

第三项：设立新激励　132

第四项：授权各级员工　147

第五项：创造可见绩效　153

第六项：合作主体的共生系统　160

第七项：领导者的新角色　172

结束语　**未来已来，请有尊严地放手！**　187

附录 A　204

参考文献　211

无人能够左右变化，唯有走在变化之前。在动荡不定的时期，变化就是准则。但是，只有将领导变革视为己任的组织，才能生存下来。

导语

驾驭不确定性是组织管理的核心挑战

—

INSPIRE

THE

ORGANIZATION

—

现今，如何让组织成员具有创造能力，感受工作的意义与价值，是组织驾驭不确定性的根本解决之道，也是最为核心的组织管理与领导力挑战。

这不是学术层面的探讨，而是基于我亲身经历的经验之谈。在过去三年中，我与一家大型农牧企业一起，经历了完整的变革与转型。我和同事所面对的，不仅仅是企业本身的问题，也不仅仅是外部环境的问题，而是不确定性带来的全新挑战，是如何让每一个员工跟得上时代步伐的挑战。这个时代的不确定性远远超过了以往任何时期，无论是在变化的规模、速度还是迅猛程度上，都与过去根本不在同一个数量级上。

三年前，我用“变化”来描述所面对的环境，那时对于我们每个人来说，“变化”是一个需要面对的挑战，“如何与变化共舞”是一个核心命题。在当时看来，变化带给管理者的挑战已经是一个让人觉得非常困难的问题：互联网技术、新商业模式、颠覆与迭代等，这一系列变化，让人应接不暇，甚至很多传统企业患上了“互联网焦虑症”。

不确定性成为常态

然而，环境并未体谅人们的焦虑，而是按照自己的发展路径继续“高歌猛进”。在我置身于企业实践的这三年间，我清晰地感受到，“变化”已经无法定义现在的环境，我选择了以“不确定性”来定义环境。它比“变化”更能突显环境改变之剧烈。具体讲，它表现出以下三个特性：

第一，不可预测性。不确定性的第一个特征是不可预测性，甚至没有规律可循。“一切皆变，一切皆存在”“正在发生的未来”等，是人们对于现存环境的状态描述。维克托·迈尔–舍恩伯格和肯尼思·库克耶在《大数据时代》中写道：“虽然我们可以塑造当下，但未来从过去的‘完全可预测’转变为一块开放又原始、广阔而空白的帆布，所有人都可以在上面依据自己的价值，努力裁剪塑形。”这是今天这个时代环境最具魅力的地方：一切皆变，一切皆存在。

这让我想到生命的特征：没有人可以预测到一个生命个体最终的结局，树一天天不同了，天空一天天不同了，花儿一天天不同了，小草一天天不同了，没有嘈杂，不断地和时令、气候以及周围的环境融合在一起；没有谁刻意地宣扬自己的变化，没有谁刻意地占有资源，每一个自己的变化都是为了与周围的一切和谐相处，都是自然而然的调整。我常常为小区中的植物所感动，时而粉红一片，时而碧绿荡漾，春风秋雨、盛夏凉冬，它们都展示着多姿的神采，也正因为这样的变化，社区总是处在生机盎然的勃发中。

其实，生命本身就是一个不确定性的载体，不管我们愿不愿意，它都在按照自己的规律变化着，一呼一吸之间，很多东西都在变化，没有痕迹，不露声色，但是一切都变了，这就是生命的本质，生命也因此具有了无限的可能性。

第二，多维性。坦白讲，如果按照我有限的认知，无论如何不会想到出租车司机竟然是第一个全面与互联网对接的职业，也绝对不会想到出租车这个行业已“极速”互联网化。相信大家已经对Uber、滴滴等打车软件非常熟悉了。当你来到世界不同的城市，一个打车软件就可以帮助你去往世界各地，这样的便捷使得顾客无法不与其紧密地结合在一起，结果导致了出租车行业大范围的讨论和撞击，甚至很多政府为此要出新规。例如，北京有关“网约车”新规的出现就是一个很有意思的现象，北京大学国家发展研究院的教授为此也参与进来，其影响之大，已成为一个社会热点。但是，无论政府、原有的出租车行业以及相关人员如何去想，这些改变已存在于这个行业，不管你是否愿意，这就是现实。

很多时候，我们对环境的认识还停留在以往的经验里，比如会关注人口、GDP、消费指数、空气以及国家政策，的确这些都是影响外部环境的因素，甚至有些是关键因素。但是对于今天的环境而言，我们除了关注这些影响因素之外，更需要拥有一种认知环境本质特征的能力，因为环境的影响因素也会改变。出租车和出租车司机在滴滴打车软件出现之前，对其产生影响的因素也许是油价、天气、道路管制以及行业规则。然而，滴滴打车软件出现之后，虽然这些影响因素还在，但是影响作用发生了变化；乘客和出租车司机的关系也改变了，两者的关系因为“第三者”的出现，显现出不同的效率和结果。多维性带来的复杂性，让不确定性更加普遍。

第三，开放复杂性。开放复杂性是带来不确定性的更重要的一项特征。开放使得所有的边界都被打破，使一切皆有可能成为真实的存在。是这些变化太集中、太突然、太快速吗？似乎人们的意识流被一下子撕开了一个黑洞，不知道接下来还会发生什么。这种无穷无尽、深不可测的变化，这种完全没有边界的变化，其复杂程度让很多人觉得迷茫。其实这一切一直都存在着，只是人们已经渐渐适应了一种平衡——静态的生长，以至于意识不到"变化"本身的存在。是的，"一切皆有可能"——如果认识到这个变化本身的属性，也许可以帮助我们更从容地理解环境。

自己在年轻时，并不了解生命的本质。或许是工科出身的缘故，我认知世界的方式开始变得科学而理性，时间变成线性，岁月是一条演变的长河，生命一去不复返。因为禅修的缘故，用心去理解生命的意义，知道生命本质上是一种轮回，生命的终结也是起点，这时时间是一种循环。从时间可以挥霍，到时间是线性一去不复返，再到时间是生命的轮回，这是我认知时间的一个过程。假设这是过去、现在、未来的概念呈现，那么唯有透过现在，才有过去，也才有未来，这是一个完全开放的过程，是一个出现一切可能的过程，也是一个创造生命传奇的过程。

不可预测性、多维性、开放复杂性是"不确定性"不同于"变化"所具有的三个特征，也是我用来描述环境的缘由。正因为如此，我决定撰写这样一本书，在书中阐明管理者如何驾驭不确定性，从而在不确定性中给组织中的个体寻求一个空间，并不断赋能力、资源、平台给予个体，使其感受工作的意义与价值，从而与组织一起把握不确定性带来的机会。

组织需要驾驭不确定性

今天管理者的核心工作，是要确保组织可以跟得上环境的变化，让组织具有驾驭不确定性的能力。要做到这一点，其核心是要关注组织成员的成长，以及成员能够做出持续的价值创造。这需要企业的领导者具有创业精神并具有超越自身经验的能力，特别是那些曾经被证明成功的企业及企业领导者。要真正做到这点很不容易，因为前途未卜的风险往往会令人畏惧和退缩，因为可能的失败会让人变得犹豫不决。然而，若是不能面对不确定性，不能与不确定性共处，不求新、求变，风险同样是巨大的，甚至曾经辉煌的公司纷纷被淘汰出局，比如柯达、诺基亚、戴尔等。

在过去的三年中，我和新希望六和的同事面临着同样的抉择，公司最早是从饲料生产与销售起家的，后来逐渐发展壮大。公司多年来持续优化产品价值与成本，帮助养殖户降低成本，缩短响应周期，提高养殖户的养殖水平，提供技术服务。通过这些努力，新希望六和成为中国农牧行业第一名，也奠定了其在饲料业务中的核心优势，并借此进入全球市场。但是从 2012 年开始，整个行业开始发生巨变，产能过剩、养殖规模化、消费者更关注食品安全、国家监管政策深化、谷物全球供应格局形成、行业技术进步以及新进入者，这一系列变化对新希望提出了从未有过的挑战。大家忽然发现，之前所有的经验似乎都无法应对新的挑战，甚至所拥有的核心优势，可能已经成为新发展的障碍。这意味着公司需要转型，需要开辟新业务，同时也意味着公司以及公司里的每一个员工必须建立新的核心能力。

很多企业都会遇到同样的问题，到底要不要发展新业务，要不要推动转型呢？虽然现有业务的竞争日趋激烈，利润空间不断受到挤压，但仍然是赚钱的。如果要发展新业务，就必须构建新能力，进入不熟悉的领域，同时必须做出巨大的调整，更难的是，有些老员工会被辞退，其中甚至包括那些对公司忠心耿耿的中层经理，他们曾经为公司做出了巨大的贡献，然而却无法适应未来业务发展的要求。同时，没有人能保证，新业务与转型就一定会成功，这只是目标与追求，因为整个过程充满了不确定性，这就是企业领导者需要面临的全新挑战。企业领导者必须面对这些艰难的抉择，带领企业前进，唯有如此，才可以保证公司能够与时俱进，甚至获得不确定性带来的新机会，在新一轮的变化中，赢得主动并获得新格局中的决定性位置。

组织成员拥有持续创造力是根本解决之道

凯文·凯利在《技术元素》一书中有一个论断：所有公司都难逃一死，所有城市都近乎不朽。因为公司的成长逻辑遵循着有机体的生长周期规律，好像人一样，有发展也有衰退，而城市则构筑了自我不断动态扩张的生态系统，在变化中有着不可预测的未来。凯文·凯利更将视野放开，从大自然中提炼出“无中生有”的九条规律，为终极生态系统的扩张奥秘追本溯源。然后视野一收，他竟然从现代公司里正在发生的事情中，找到了这九条规律存在的依据：它们都致力于打破边界、内向成长。

他进而判断，在互联网时代，控制会很快失灵，具有动态平衡的眼光才有利于组织茁壮成长。公司是有生命周期的，而事业的影响可以绵延不绝，这也正是人们所说信息时代更趋于人本回归的原因。凯文·凯利总结的大自然生长的九条规律，从无中生有，到变自生变，这种变化本身是结构化的。所以，大型复杂系统的做法就是协调变化。当多个复杂系统构成一个特大系统的时候，每个系统就开始产生影响直至最终改变其他系统的组织结构。若你要做到从“无”中生出更多的“有”，就必须要有能自我变化的规则，就必须回归到人本身。

让我们来看看华为，华为的核心竞争力来源于组织和个人的核心竞争力；任正非将华为人个人的核心能力与组织的核心能力聚合，形成强大的冲击力。这种冲击力被任正非称之为“狼性”。关于对组织力量的理解，任正非对华为人（甚至包括华为下游供应商）赋予了公平原则、利益共享。他在危难时期承诺：“绝不让利益共同体吃亏”“我不知道我们的路能走多好，这需要全体员工的拥护，以及客户和合作伙伴的理解与支持。我相信由于我的不聪明，引出来的集体奋斗与集体智慧，若能为公司的强大、为祖国、为世界做出一点贡献，20多年的辛苦就值得了。”由此可见，华为的力量来源于组织整体，而绝非个人，这也是华为持续发展的动力所在，是任正非创造的华为组织整体的可持续力量。

任正非感慨道：“一个人不管如何努力，永远也赶不上时代的步伐，更何况在这个知识爆炸的时代。只有组织起数十人、数百人、数千人一同奋斗，你站在这上面，才能摸得到时代的脚。”这段话曾经给我巨大的震撼，因为在这之前我一直推崇另外一种观点：“站在巨人的肩膀上，你可以成为巨人”，而现在任先生的观点更让我理解一个人的渺小，更清晰地明白在一个巨大变化的环境中，只有认识到个人的局限，并借助于组织的力量才会与环境互动，而这也是华为能够驾驭变化的本质驱动力。

2016 年 11 月 29～30 日，我在“春暖花开”微信公众号上做了一次关于个体与组织关系认知的调查，问题一抛出，回复极为踊跃。我筛选了一些问题放在附录 A 里，大家看到这些问题的时候，自然会明白，组织对于个体价值发挥的重要性和影响力，以及个体对此的渴求与企盼。因此，我认为，需要基于组织管理的视角，给出一个解决方案，帮助组织管理者创造出真正的“共享价值平台”，从而赋能给组织内的每个成员，让每个成员能够感受到价值创造的可能与成长。

这是一个极具挑战的时代，一方面个体变得更加强大，个体所拥有的知识、能力、信息以及独立的程度，使得个体更加明确地了解到自己的需求与价值；另一方面组织变得更加强大，组织所拥有的资源、平台、机会以及聚合影响力的程度，使得组织更加明确地了解到自己的属性与价值。这两个看似矛盾的存在，却有着另一层意义需要我们理解，那就是**拥有强大个体的组织，会具有更强大的影响力，来驾驭不确定性，而强大的个体更需要嫁接在一个强大的组织平台上，才会释放出个体巨大的价值。**

这是一个英雄辈出的时代，更是一个集合智慧的时代。

易者，变易，简易，不易也。

——《周易》

第 1 章

组织环境的新特征

INSPIRE THE ORGANIZATION

对于任何组织管理而言，必须了解到环境对组织本身的影响。今天，组织的绩效已经不再只是取决于组织本身，更主要的是由组织外部的因素来决定，而决定组织绩效的外部因素被称之为“组织环境”。对于组织环境的理解，需要从根本上去把握，而不是简单地看现象。这是一个变化异常的时代，很多认知都被现象所混淆，很多判断已经似是而非。如果要在这样的环境下，做出正确的选择，则需要界定清楚现象背后的本质是什么。我试着对此做一次梳理，归纳出目前环境变化的几个最重要的特征。

变自生变

特征一：不确定性不仅是常态，而且是经营的条件与机会。

让我们先看看一家企业的战略机遇。威创视讯是总部位于广州的一家高科技公司，其最早的业务是大屏幕拼接技术。公司在大屏拼接技术领域拥有自主创新的能力，并在中国市场上取得了非常领先的地位。但是从 2011 年开始，显示技术的改变让这家企业遇到了前所未有的挑战。以下三个最重要的挑战，已经摆在每一个威创视讯人的面前：新业务没有获得根本性的突破；代理商、用户、市场甚至同行都在观望；公司内部弥漫着怨气、疲惫，无法看清未来的恐惧。引发这三个最重要挑战的诱因，一方面来自外部环境的变化，另一方面来自公司内部的问题，核心是不确定性加剧。

对于这家公司而言，外部环境真的变了。从技术层面而言，显示技术、网络技术、信息技术、检测技术、新材料技术等，这些与产品相关的技术都有了质的提升。这些技术应用到拼接领域、监控领域自然也带来了巨大的改变。从用户的层面看，公司的用户已经从单纯的显示需求，转变到复杂的使用需求；已经从拼接产品的外行人，转变成拼接产品应用的内行人；已经从产品的购买者，转变为产品的设计者。从代理商的层面理解，公司的代理商已经从利益驱动，转变到价值驱动；已经从采购商，转变成价值链的管理者；已经从用户的供应商，转变为用户的服务商。从同行层面理解，公司的同行不再是简单的模仿，也成为商业模式的创新者。他们利用资本的能力、整合资源的能力、与市场沟通的能力、寻找新的人力资源的能力、规划市场的能力等，都在快速地显现出来，并有明确的方向以及凸显这些能力的展示方式。从市场的层面看，拼接领域呈现出了明显的市场新格局：需求多元的结构、产品细分的结构、增值应用的转变、渠道多元的结构。

任何一家企业能够持续发展，最根本的原因是能够与环境互动，并和环境发展的趋势在一起。所有成功的企业都善于在环境变化中掌握机遇，威创视讯之所以有今天的成功，源于在过去十年中，理解并拥抱了中国市场的高速发展，用适合中国市场的特点，安排了自己的商业模式。但是，到了2011年，如上述所言，环境改变了，如果依然用创业之初的商业模式、产品结构以及市场认知支撑业绩，显然已经无法持续；借助惯性发展，虽然能够完成每一年的任务，但是无法看到更长远的未来。公司决策层知道，这是“虚假繁荣”，被业绩掩盖的“虚假繁荣”，这会让公司在未来的竞争中，处于极其被动的境地，并有可能一步步失去已有的市场地位。

威创视讯人从这一年开始，意识到需要做出彻底改变。他们有意识地培养自己，让自己不受日常工作的局限，以更为广阔的视角，不但看到行业发展的大格局，而且还思考各种不同寻常、有别于以往的事件对整体市场前景的重大影响。他们将所有这一切的变化视为一定要彻底改变自己的动因，甚至他们会要求自己离开行业去找新的机会，而不仅仅局限于原有的领域、原有的竞争力、原有的经验。所以，公司确定了“资本驱动转型”的“双业务”战略，在2015年成功跨界到中国儿童成长服务领域。

有些人看待市场变化时，往往过于狭隘，无法看到其背后更为深远的影响，庆幸的是威创视讯的创始人何正宇看到了变化背后更为深远的影响，及时引进战略伙伴和君商学，并带领董事会坚定地落实“资本驱动跨界”的战略。今天的威创儿童成长服务平台已经是中国该领域中的领先者。如果不是大屏拼接领域的不确定性对威创视讯的挑战，威创视讯的儿童成长服务平台不太可能出现。今天的威创视讯已经更名为威创集团，并成功在两个产业领域中获得了发展的基础。

视不确定性为发展的机遇，这是威创集团成功跨界的主要原因。同样不断挑战自己、与不确定性共舞、驱动成长的华为更具有代表性。华为从一家小公司成长为一个真正的全球行业领袖，经历了自我超越和持续变革的过程。这个成长过程也源于华为对于自己所在领域变化的敏锐与呼应。在《华为基本法》基础上，从 1998 年第三季度开始，华为借助 IBM 的顾问团队步上了转型的艰难历程，主要做了以下几件事情：

- 1998～1999 年，华为知道它面临的竞争会来自跨国企业，而这也是它获得发展的机会，所以决定借助 IT 发展规划将业务运营提升到世界级水平。(组织内部研究华为如何利用 IBM 来改进自己。)
- 1999～2003 年，华为了解到为客户价值创造的研发，会让它找到未来的机会，因此展开为客户进行计划、选择、调整、开发和管理新产品的开发系统，将以研发为唯一视角变成跨职能的视角来满足未来业务。(提升华为的供应链。)
- 2000～2002 年，华为需要全员面向顾客，并形成共同的工作习惯与话语方式，利用组织能力服务顾客，打造未来的竞争力。它开始构建客制化应用方案的 IT 能力，实施所有需要的 IT 工具来支持 IPD 的流程和方法论。(共同理解和变革管理方式。)
- 2003～2008 年，自我驱动成长可以让华为面对不确定性，并由此获得新的发展机会，因此华为建立了一个能够支持和推动未来持续增长的组织模式。(华为强调基本的领导能力建设。)

- 2009～2013年，成为真正的全球领袖需要华为具有更加强大的创造力与组织力，这样才会形成一个柔性化的组织并能够引领变化，从而成为行业领袖。(华为强调一线授权以及“轮值CEO”的组织创新。)
- 2013～2016年，华为步入战略“无人区”，需要更大的力量来面对不确定性，所以需要构建直接连接终端消费者的能力，需要能够真正基于最终消费者的价值创造。(华为主航道战略、与终端消费者沟通。)

在华为持续变革的计划中，任正非以一个战略领袖的敏锐性，感知变化并超前做出布局与安排。他也一直要求自己成为坚定的变革领导者。无论是从公司聚焦战略、顾客导向、奋斗者为本的绩效考核，还是文化建设上，包括每一年的新年寄语、公司内部会议的讲话以及签发的文件等，他都向全体员工，特别是经理人表达自己对于环境变化的理解，对于变革决心的坚定。所以，华为在近20年间的环境巨变中，成为令业界称道的领导者企业。

IBM前任总裁郭士纳说：“核心领导人的存在对转型能否成功有着深刻的影响。”这一方面意味着领导人需要坚定地推动变革，另一方面也需要领导人清晰地理解环境，把握变化中的机会并坚定变革的方向。每一家企业都需要领导者担当起发现变化、引领转型的重任；**企业总是希望可以寻找到持续发展的路径与方法，其关键是领导者对于变化的理解以及从中生发出战略的能力。**

我非常欣赏那些敏锐把握变化，从顾客的视角看待变化，并转化为新机会的企业，从谷歌、华为、阿里巴巴、腾讯这些大型公司到罗辑思维、有米科技等新锐公司，它们都在这一点上做得非常好。哪怕这样做会有风险，甚至失误，但是它们依然坚持不断地调整自己，不断地感知不确定性，不断地寻找可能的改变与机会。通过最近十几年的观察，特别是互联技术对传统企业的冲击，我发现，如果不是从变化中寻找机会，不做彻底的自我超越，不做组织与文化上的转型与创新，而仅仅是在经营上做调整，应该很难取得成效。其中最核心的是领导者要做出改变，因为企业责任的主体以及组织文化的主体依然在领导者的身上，需要领导者自己来主持企业转型，要知道缺失了领导者转变这个环节，转型很难进行。

2013 年，市场环境发生了很大的变化，健康行业的高端市场下滑严重。“同仁堂健康”为消费者所熟悉的虫草、燕窝、海参等高档滋补产品销售也出现了下降，而新的明星产品又迟迟没有出现，一直快速增长的销售因而受到了冲击。这时，同仁堂的经理人开始反思，原有的产品优越感少了，怎么做好市场、做好服务的声音多了起来。“同仁堂健康”CEO 俞俊说：“在市场变化、销售下降的时候，我对战略转型反而更加坚定。我们自上而下开展了多达百场的战略宣讲，对全体员工进行战略培训，要求所有中高层都向我讲述他们对战略的理解。”

这是一次难得的促成理念转变的机会，此时同仁堂人开始真正理解服务导向战略，思考如何去把握客户需求，重新赢得市场。互联网手段为传统企业提供了看到用户、看到转变的最好方式，这就是社交网络。在过去的一年多时间里，“同仁堂健康”迅速开发出了对外和对内的交流平台，推出了多个微信公众号，在营销上也以一些典型客户为原型，在网上现身说法。公司中高管团队建了一个日常交流的“Change Maker”（变革者）微信群。在群里，各种以用户为中心的案例、来自互联网企业的经验成为最热门的话题。在新产品开发上，“同仁堂健康”也摒弃了原有的“我有一个特别好的产品，人人都知道它特别好，现在我卖给你，你不买就是吃亏”的思路，转为“我发现客户有一个未被满足的健康需求，而我们同仁堂健康可以开发出相应的产品，满足这个需求”。

优秀的企业实践表明，一个好的企业领导者一定是坚定地因应变化引领变革的，他会把每一个变化视为挑战，并毫不犹豫地带领整个组织进行变革；他会把每一个变化视为自己的机会，而不是阻碍，用创新与变革来拥抱机会。每当看到不同寻常、有别于以往的新生事物时，领导者都要深入分析，不断地思考未来的市场和行业将会如何演进，战略在更大程度上要顺势而为，符合趋势才会与时俱进，与趋势在一起，利用变化，才可变中求胜。

新　族　群

特征二：我对互联网最深的理解，是庞大的线上人口。

互联网的影响已经不再需要我去赘述，我们已经处在一个被称为“互联网”的时代中。大家非常关心互联网以及互联网带来的冲击，比如会争论“有没有互联网的思维”“互联网企业对传统企业的冲击到底是什么”“企业到底要不要互联网化”。以阿里巴巴、小米等为代表的新兴企业把自己界定为互联网企业，而以华为为代表的企业则声称自己不是互联网企业，这些争论也已持续了 10 多年，至今并未形成一个统一的认识。

坦白讲，这都不是我关心的，我对互联网最深的理解是，它拥有庞大的新族群。看一下中国的数字，2003 年网民数是 0.79 亿，网民渗透率是 4.6%；2014 年，网民数是 6.49 亿，网民渗透率是 48%；英、法、德、意四国总人口为 2.7 亿，11 年间，中国网民数增长了 8 倍，网购人群超过英、法、德、意四国人口的总和。此外，这个消费人群是最活跃的、最有生命力的一族人，他们的能力与需求引领着每一个行业的变化，针对他们的商业模式都有着极强的冲击力与颠覆能力。

互联网技术本身是理解顾客的一个最为直接的手段，然而令人遗憾的是，很多企业的领导者对此并不擅长。大部分领导者都在利用自己的经验来面对顾客，他们通常有超过 10 年的行业经验，自认为对于行业与市场有着独特的认识，也很自信于自己的判断。但是事实是，线上的消费人群是一族全新的人群，他们有自己的主张，不随波逐流，更重要的是他们要创造新的游戏规则，要以他们的生活方式来界定商业与价值。这是全新的一族，无论是价值观、行为模式、生活方式，还是沟通与认知，都是完全不一样的，这一点需要领导者认真对待，要知道要做出改变的不是这些人，恰恰是领导者自己。

两年前，一位企业家希望我推荐 CEO 人选，告诉我希望这位 CEO 候选人具有行业的经验，领导过大型企业。我知道如果按照这位企业家的需求去选择候选人，一定是无法胜任这家企业在市场中的发展需求的。正是因为这家企业所在的行业改变了，企业才需要去外聘一个 CEO，如果候选人不能够用全新的理念与战略，来带领这家企业，我相信是无法解决这家企业所面对的困难的。因此，我给这位企业家的建议是，不要去选择有行业经验的候选人，而要去选择学习能力强、开放度够、习惯运用互联网技术的人，事实证明，按照后者选择的人完全胜任 CEO 这个岗位。

今天新族群的出现，让曾经居于高位的企业领导者，对新族群需求的理解、对客户体验的把握，已经相当生疏了。他们习惯于在自己的经验里理解顾客，习惯于沿用自己被证明成功的方式来继续证明自己，因此，他们也常常忽略对新人群的理解，同样地，他们也就失去了持续与顾客在一起的能力。

我非常惊讶腾讯、滴滴这样的公司，它们完全是按照互联网的逻辑，组合新族群展开商业活动的公司。它们掌握数据，分析客户行为，选择聚焦哪个细分市场，知道在哪里主动出击，提出自己的关键假设，设计新的商业模式，寻找与发现不同事物间的关联并且与顾客亲密地组合在一起，从而获得属于它们的高速发展机遇。

如何为顾客提供更新、更好、更优价的产品及服务？这是每一个企业领导者都需要回答的最根本的问题。现在不同的是，这个最根本的问题在一个全新的族群中发生了。这个族群中的人完全不同于以往任何顾客，这就需要企业领导者完全基于一个从未有过的视角去理解顾客。此时的“更好”，不是自己与自己的经验或者自己的成功相比，而是与市场上的全新商业模式相比，你做得更好。比如，很多出版界的同业都做出了巨大的调整，与过去的自己相比的确做出了巨大的改变，但是像亚马逊这样的公司，把自己定位为数字时代的原住民，其企业领导人更是聚焦于此。在亚马逊，数字技术不仅已与日常经营紧密地融为一体，而且还在为创造更好的客户体验而不断精进。“一切以顾客体验为中心，一切为了顾客”，这在亚马逊绝对不是口号，而是实实在在的运营过程。从这个方面讲，与亚马逊比较，很多出版公司的改变就不算大。

有人问我，互联网企业与传统企业最大的区别是什么，我的回答是：传统企业层级森严的官僚体制经常模糊了本来应有的对客户的关注，经营管理完全与顾客脱节。或者也可以这样说，这不是互联网企业与传统企业之间的差距，而是好企业与差企业之间的差距。好企业一定会与顾客在一起，一定会基于顾客的立场来发展自己；差企业一定会离开顾客，只站在自己的立场上，深陷组织官僚体制之中。有人曾经分析诺基亚衰落的根本原因，其中之一就是官僚迂腐的组织，这的确是每一个企业领导者需要特别关注的问题。

对于很多企业来说，与这个新族群交流并获益是一件非常困难的事，很多企业习惯于已有的生产模式，已有的与顾客沟通的方式，习惯于大规模制造的逻辑，而无法快速响应以及应对不断细分的需求。因此，这些企业反而无法应对互联技术带来的改变，只能眼睁睁地看着新兴企业攻城略地，利用互联技术、大数据、全新渠道等新的商业模式及逻辑创造更加卓越的客户体验，抢占全新的细分市场，并颠覆很多行业的游戏规则。

一定要用极为认真的态度对待互联网，这不是技术问题，也不是商业模式的问题，而是面对全新消费人群的态度问题；一定要让自己与这一族群相关联，让顾客的体验变得更好、达到极致，在技术创新与顾客需求之间实现完美的连接，从而让企业获得新生。

正如通用电气电力及水处理集团总裁史蒂夫·伯茨（Steve Bolze）所说的那样："当今时代，所有企业领导人都必须对大数据有所了解，不仅要知道它是怎么回事，而且要懂得如何加以利用。每个人都必须从头开始，重新学习。"我自己也有相同的体验，这一切的确需要从零开始学习，重新出发。最近五年来，我花费很多时间与新兴企业的创业者在一起，与 85 后、90 后在一起，学习他们的语言、表达问题的方式，学习他们的思考模式以及沟通方式，更多的时候需要理解他们的价值判断以及行为选择的依据。我在新希望六和成立了创新事业部，这个事业部绝大部分人员是新入职的员工。更重要的是，因为这个事业部，我和管理层有了一个与他们一起工作的机会。我很感谢这些年轻同事在创新事业部带给我的帮助和启示。

今天，要不要跟互联网走在一起，不是基于互联网技术，而是因为互联网技术带来的巨大消费人群，是因为新族群带来的全新生活方式。所以，每次有人问我有关互联网的问题时，我不会采用"互联网思维""互联网技术""互联网转型""互联网工具"等概念进行回答，而是建议大家去思考：你该如何接近 8 亿"全新的族群"？你是否需要与其发生关系？你要不要关注他们？我想这就是你要特别面对的互联网话题。

渠道新属性

特征三：渠道发生了根本性的改变。

也许是 20 多年前扎根研究中国家电企业发展模式的原因，使得我对渠道有着特别关注的习惯，为此我和海然专门写了一本书——《争夺价值链》。渠道所具有的影响力并不需要我做特别的说明，只要是了解价值链中各个成员之间价值分配的关联，了解中国制造业发展历程的人，都很清楚，渠道作为一个重要的价值链成员，在过去的 20 多年间，已经成为中国制造业成功发展的生存方式，成为企业竞争和抗衡的基本语言。

销售管理活动中始终贯穿了一条红线，这就是产品从开发到进入市场实现其利润的价值链，而销售管理活动的成功和失败都折射出价值链的平衡与失衡。销售管理通过各种类型的分销渠道来实现，由分销渠道的资源来驾驭各种利润要素，进而驱动销售目标的达成。事实上，渠道分销就是制造商与供货商占据和影响消费者之战，因此在销售目标（即市场份额和产品利润区）达成的过程中，掌控分销渠道就等于拿到开启市场之门的钥匙。企业应该对自己的分销渠道形势进行敏锐观察，重要的是要发现什么分销形式使得利润和市场份额获得了成功，竞争对手采取了怎样的手段，然后制定一项策略以不同的方式做成同样的事情或者将这一事情做得更好。

中国在经历了 30 年连续的高速发展，特别是制造业的快速发展后，不仅告别了改革开放前几十年的物质短缺现象，在今天更是出现了意想不到的生产能力普遍过剩的情形。一些产业生产能力过剩的幅度甚至超过 50%。2008 年金融危机之后，全球市场陷入普遍的疲软状态，投资与消费需求不足，物价下降，成为一种“常态”。新制度学派认为一切社会经济问题的根源在于稀缺，过去是商品稀缺，产业资本扩张，而现在是生产过剩，渠道稀缺，商业资本扩张。新渠道的出现，给基于新渠道的资本扩张提供了无限的空间。

生产和渠道的结合还应取决于消费者，问题的关键是消费者在购物时是希望有更多的品牌可供比较和选择，还是忠实于某一个品牌。从这一点上讲，对于生产商而言，渠道决策是一个非常复杂的问题。生产商既要考虑商品的特性，又要考虑消费者的购买习惯，还要平衡由此带来的经济效益。

互联网技术的出现，让这种平衡兼顾到经济效益，并获得更多的消费者回应。这个全新的渠道，就是基于互联网技术、数据技术而形成的价值网络。在“互联网＋”之下，当数据产生是全方位、实时、海量的时候，企业间的协作就必须像互联网一样，要求网状、并发、实时的协同，其具有的优势特征非常明显，可以归结为以下几点。

运营数据化优势

新渠道存在着涵盖生产、研发、供应、分销、零售以及用户等所有价值链成员在内的信息系统的综合优势。决策者随时可以了解到渠道成员变化的情况，包括商品、消费者沟通以及价值链上的成本。这些动态的信息为决策者提供了可靠的信息决策支持，而且先进的设备及技术手段在其他方面也都得到了充分和广泛的运用。

信息共享化优势

信息不对称、中间环节过多、链条长、产业效率低是传统渠道自身的缺陷，因为信息化程度低，在传统产业体系下，商业活动仅围绕少量重要数据展开。企业之间的协同是单向的、线性的、紧耦合的控制关系，而且用户主动参与成本高。新渠道正是因为补足了传统渠道的这些缺陷而颠覆了传统渠道。在新渠道中，信息共享成为纽带，让渠道成员能够信息对称，并且企业间以及企业与用户之间，其协同是网状的、实时的和紧密的。

规模效率优势

2001 年，沃尔玛的销售规模达 2100 多亿美元，相比之下，整个中国的前 500 位大型零售企业的销售额总和还不及它的 1/10。这样的规模在竞争中的优势可想而知，如此大的市场规模，使其在进货渠道、进货价格上的优势几乎处于垄断地位，这是中国的零售商想都不敢想的。但是到了 2015 年，阿里巴巴的销售规模达 3 万亿元，这一年沃尔玛的年度销售规模与此相当，但是沃尔玛动用了约 230 万人，而阿里巴巴只用了 7000 人。通过对 2001 年与 2015 年两组数据的比较，可以看到新渠道的规模优势，不仅体现在规模本身，还体现在其具有传统渠道所不具备的优势，我称之为“规模效率优势”。

协同网络化

随着消费者拥有的信息以及能力的增加，满足消费者需求的细分市场越来越显著。另外，因为互联技术以及全新的工业 4.0 的出现，众包与众创会成为普遍的现象；柔性化生产，高效回应消费者需求，会成为一种更为普遍的要求。新渠道的数据及网络化能力，可以很好地满足这样的需求，并形成协同网络化的优势。

这些优势，就是新渠道与以往渠道的不同。目前市场上的很多改变（无论是商业概念，还是任何其他的东西），很大程度上都源于渠道改变。很多商业模式的创新，其实是新渠道的领导者把传统价值链中的浪费拿掉了，也就是说如果按传统渠道的概念做事情，中间会存在很多浪费，如信息不对称，链条长，每个环节价值的分配和榨取。运用新渠道概念做事情，可以把这些浪费解决掉，解决传统渠道信息不对称、中间环节过多、链条长、产业效率低的问题。

在全新的渠道关系中，一家企业如果只拥有内部资源能力，或者仅拥有发展内部优势的能力，则会陷于被动的局面。与传统渠道相比，在技术的帮助下，以下三件事情发生了改变：**第一，顾客中心转为用户中心**。市场需要用户体验至上，商业回归人性需要理解每一个消费者的需求。互联网企业为什么愿意用“免费”或者“补贴”等方式？因为这正是人性的一部分，借助免费和补贴，互联网企业非常容易获得大量的用户。**第二，产品驱动转为数据驱动**。有人说：“未来商业的本质就是数据，要么数据化，要么灭亡。”如何理解这句话？在传统商业逻辑下，产品是企业与顾客之间的桥梁；在新的商业逻辑下，数据承担了这个“桥梁”的角色。**第三，供应分工转为生态协同**。传统渠道中的成员之间是供应分工的关系，新渠道中的成员之间是价值协同的关系，供应分工的最大特征是“价值分配”，生态协同的最大特征是“共同成长”。这三个改变，使得企业依靠“内部资源能力”和“外部合作生态”，形成持续的“价值创造”“价值传递”和“收益获取”的内在“系统逻辑”。这是一个系统的逻辑，是一个不断持续价值创造的逻辑，也是新渠道最核心的逻辑。

所以，企业管理者需要理解并认识到，企业真正的机会必须延展到外部去，必须进行内外合作，形成一个持续价值创造、共同生长的系统逻辑。最近几年，我与一些企业管理者讨论企业战略，他们问我今天战略最大的挑战是什么？我回答：**最大的挑战是战略机会与你现有的资源和能力可能没有关联或者关联不大**。这与过去的企业发展路径完全不一样，以前思考战略问题时，会比较多地关心内部资源和能力，关心相对竞争优势以及核心竞争力的培养。今天需要大家特别在意的是，在市场格局中，内部的资源和能力也许不再是最重要的，最重要的是你的企业可不可以与外部机会组合在一起，并为这个新机会建立新的资源与能力，尝试冒险与创新，进行价值创造、价值延伸以及价值共享。

新 进 入 者

特征四：新进入者改变游戏规则。

Uber 说：我们的目标是取代私家车。当 Uber 出现时，并没有人意识到这意味着什么。但是 Uber 做了出租车行业从未做过的一些事情，比如让每一个私家车主都可以注册成为 Uber 司机，通过软件算法为需要乘车的乘客自动匹配附近的司机，最快速地回应消费者的需求；Uber 乘客对司机的评分直接影响司机的收入，这一评价机制保证乘客可以享受到最好的乘车体验，同时车费结算在线上自动进行，改善了支付体验，这种顾客参与的全新体验提供了足够的顾客黏性；软件对每一次行程路线和司机信息都有记录，充分保障了乘客的安全。2015 年 4 月，Uber 在北京推出了一键呼叫 CEO 活动，16 个企业高管乘坐轿车围绕清华转，学生通过 Uber 应用叫车，和高管在车上进行 15 分钟面试。活动结束后，一名来自北航的学生一直没有等到与 LinkedIn 高管见面的机会，于是他提出活动结束后和对方拼车离开，成功地在回学校的路上得到这家公司的合约。就这样，Uber 以这些前所未有的方式颠覆了全球出租车行业。

从香港科技大学学生宿舍开始创业，技术来自毕业设计的产品，最终开发出了占据全球 70% 市场份额的产品——大疆飞行器。大疆是第一家将专业无人机推向民用市场的公司，并且在技术、设计、用户体验上都做到了极致。在《时代》杂志 2014 年评选出的年度十大创新工具中，大疆的无人机入围，排名全球第三。大疆的广告词是：发现世界惊叹之美。比如，汪峰用大疆无人机为章子怡创造惊喜。大疆用最简单的方式，让一个新手能玩飞行器；用最极致的方法在一个领域深耕，成就了大疆。

而从被大家熟知的褚时健卖橙子、柳传志卖猕猴桃、潘石屹卖苹果中可知，这三位都进入了自己原本完全不涉及的行业，而且都打造了这些领域具有影响力的品牌。探索其成功的缘由，皆因为他们是“新进入者”，用全新的逻辑去展开自己的商业模式，不遵循于原有行业的商业逻辑，反而获得了新的成长机会。

我经常与创业团队在一起交流，发现他们对于现有行业经营者来说，的确具有极大的冲击力。这些“新进入者”带来了非常多的变化，这些变化是不确定性极为重要的一个诱因。一旦有新进入者进入，他们能够推动新潮流的兴起，用一种全新的商业模式获得规模与品牌的影响力，进而会改变行业发展的格局，并形成一种新的格局。

因此，不断关注新进入者，也一样要面对挑战，需要管理者真正去思考一些问题：未来的发展会出现哪些可能的情况？这些变化分别会带来哪些机会？新进入者的突破会造成什么影响？这对你所在的行业以及你自己的企业意味着什么？这些问题需要你特别关注，并且转换你的立场与思维方式，站在新进入者的立场，像新进入者那样去思考，去理解市场与顾客，去理解行业价值以及相关方的利益。

需要特别提醒的是，切不可低估新生事物的发展势头，因为很多曾经成功的企业就是在这个问题上失去话语权的。柯达当初低估了卡片机带来的普遍市场机会，诺基亚对苹果 iPhone 迅速形成规模的迅猛势头严重估计不足……很多企业都低估了互联网技术带来的快速变化，结果处于被动中。

提醒大家关注新进入者还有另一层想法，因为大部分企业在做战略或者竞争分析时，通常喜欢用行业经验或者成熟的价值链分析工具，并且常用的预测方法大都是分析历史数据以推断未来的发展趋势。但是如果新进入者出现，这些做法就会有很大的局限性，并会影响到决策的有效性。2016 年美国总统大选的结果，更能说明这个问题：历史数据和传统经验、原有的决策工具等，在新进入者面前，可能都会失效，这是我强调关注新进入者的另一个原因。

共享经济

特征五：离散程度越高，价值集中程度越快。

有一天，我看到雷军发的朋友圈信息：“小米 12 个小时卖了 20.8

亿元”，这在传统商业模式里是无法想象的销售业绩。但是小米做到了，因为小米面对的是精准的市场、精准的用户。在数据时代，企业的增长模式正在发生巨大的改变，增长逻辑完全改变了，不再是规模增长、线性增长，而是通过非连续性的变化寻找协同，实现量级增长。比如，柴静关于环保的视频作品《穹顶之下》，几天内关注人数就达3亿，这就是量级增长。

2017年除夕夜，微信红包收发142亿个，峰值达76万个/秒。单从数字上看，微信运用互联网有效地黏住了消费者，做了一个道场，受众双方互为因应，让中国最传统的节日充满了快乐，从而与“个体”成就彼此。腾讯、小米、阿里巴巴、滴滴等这些公司，都在打造一个共生经济体，也因这个共生的经济体，不断缔造着新的商业神话。2016年开始，也许你会发现“互联网”这个词也落后了，因为一个新词已经进入人们的语境中，这个词叫“共享经济”。共享经济最大的特点是什么？**就是离散程度越高，价值集中程度越快**。那些分散程度高的行业，已经开始被共享经济所改造，如出租行业、旅游、咖啡餐饮，甚至包括教育。有一个学生发微信给我，说他们准备创立一个共创商学院，决定选20家标杆企业，由企业联合办，我虽然没有参与，但是我知道他们是有可能成功的。

当黎万强用《参与感》与读者分享成功之道时，已经在逼近小米的成功关键因素了。成功的创业个案常常折射出时代背景的变迁，当一类案例呈群体出现时，这种变迁便已经显性化了。我一直十分好奇地关注着褚橙案例，这是因为褚时健的传奇人生太具有时代典型性，人们对他的过度关注会掩盖事情的本质，而人们对冰糖橙的关注也很容易归因于产地的独一无二。当我深入分析后，发现了更有价值的实践经验——褚时健对经营本质的把握。

曾经为铁鹰老师的《褚橙你也学不会》写过阅读推荐，褚橙的成功在我看来在于以下四点：一是以顾客价值为导向（褚时健夫妇把自己当成消费者，经过广泛的调查研究，和湖南、广西等产地的冰糖橙比较，哀牢山出产的冰糖橙的确好吃）；二是以产品力为根本（其产品曾在北京经过 6 场由 251 人参与的盲吃实验，从外观、剥皮难易、甜度、酸度、水分、化渣率、橙籽数量、整体口感等八项内容进行评价，结果显示褚橙最优）；三是对价值链的理解深刻灵活（如与渠道商分享利益、分销方式线上线下因地变通等）；四是通过科学管理释放管理效能（褚时健对生产管理精益求精，浇水、施肥、控稍、剪枝等流程作业一丝不苟等）。为什么褚橙一夜之间便家喻户晓？正如同时代的成功创业个案，这是一种量级的增长。当我持续琢磨这个问题时，又有了新的思考，褚橙的成功，还有一个更重要的因素，即企业和消费者沟通的平台和方式变了，从因果关系看，这才是变化的必要条件。

企业和消费者互动与沟通的平台、方式都变了，与胡海卿聊天，倾听这样一批媒体人创业卖农产品的故事，的确令我这个在农牧行业多年的人大吃一惊。简单地看，这只是一个成功的营销案例，但是如果细细体味，你就会自问：为什么传统的农牧行业人，没有创出这个商业模式？传统的营销策划以及销售公司，为什么没有创出这个商业模式？正是因为像胡海卿这样的新媒体人，理解了消费者沟通方式的改变以及改变了的环境，他们的成功之处在于，寻找到了一粒橙子如何与消费者互动的方式。

推而广之，你会发现，人们喜欢的电视节目秀，可以更加说明互动与沟通的环境特征，如《爸爸去哪儿》《中国好声音》《中国好歌曲》《非诚勿扰》等，这些节目之所以能够获取高收视率，无疑都是因为和观众有了深入的互动、广泛的交流，让普通人有机会实现梦想等。每一次消费体验，都是助飞梦想的翅膀。

从消费者的角度看，得益于技术，人们了解资讯和世界的方式越来越多。因为互联网、电视、iPad、云技术等，传播与沟通的创新方式发生了很大的改变，正如很多评论所说的那样，这些技术令人与世界的沟通变得更多元、更丰富以及更复杂。在今天能够获得消费者喜爱的品牌，往往都会主动拥抱创新，认识变化，欣赏并利用这些变化，通过互动与沟通，让自己更加具有影响力。

对于企业来说，消费者控制着其“想要什么”“什么时候需要”的决定权。在互联网出现之前，顾客想看电视节目，需要接受企业的设计，按照企业约定的时间和标准来接受。但是今天，消费者在任何地方、任何时候，都可以看到电视节目，不受任何限制。因此，企业需要改变自己的角色，主动和顾客互动，寻找到与顾客之间的互补区域，了解什么方式是顾客习惯的、渴望的，了解如何设计一个平台，能够与顾客沟通，让顾客可以参与互动，形成社会化的网络。

人人参与、共创与共享已经成为这个时代的特征。让大家连接在一起，本身就是一件值得学习的事情，就如褚橙、苹果公司、新传媒等，技术让一切皆有可能，也让人们拥有新感受和新机会，这些新感受和新机会又会推动技术的进一步创新。尝试新东西和设计新沟通与互动平台，真的是很令人兴奋的事情。

德鲁克在《管理未来》中说："互惠（reciprocity）将成为国际经济整合的核心原则。这一趋势目前已经难以逆转了，无论你喜欢与否（我就不喜欢）。"坦白讲，我也不喜欢，因为一切都以互惠为原则的话，经济关系会表现为越来越多的贸易集团关系和特征，人与人之间也许会表现为交换关系、价值互换关系，这或许导致人们之间太过功利与商业化。我更喜欢单纯、爱以及不求回报。不过我也知道，不管我是否喜欢，互动与互惠已经成为事实和必然的选择，我们都要面对和接受了。

变自生变、新族群、新渠道、新进入者以及共享经济这五个特征，标志着环境的确发生了巨大的变化，同时，也意味着更多、更大的新机会一并存在，这既是管理者要面对的大挑战，也是管理者迎来的大机会。

从今以后，别再过你应该过的人生，去过你想过的人生吧！

——梭罗

第2章

重构企业认知

INSPIRE
THE
ORGANIZATION

管理大师克莱顿·克里斯坦森（Clayton Christensen）提出的"颠覆性创新"（disruptive innovation）概念是用于描述新的竞争者如何瞄准市场根基，攻占市场，最终实现洗牌的。这样的情形在过去是非常罕见的，而在今天则是非常普遍的。利用新技术或者新模式进行颠覆的情形，几乎每一天都在发生。所以，当人们希望预测未来的时候，这些频繁发生的颠覆，已经让未来不可预测。总的来说，预测未来已经不再符合现在环境，在这一系列的颠覆与被颠覆中，新的可能不断呈现，几乎我们所熟悉的边界都在被重新界定。

重塑边界已经成为事实

今天，各个行业的特征变得越来越模糊。智能互联产品不但会影响公司的竞争，更会扩展整个行业的边界。竞争的焦点会从独立的产品本身转移到包含相关产品的系统，再到连接各个子系统的体系。一家产品制造商可能要在整个行业领域内竞争，有的时候消费者甚至也会参与到竞争中来。如今没有人可以百分之百地确定自己的竞争对手是谁，导致这种情形出现的原因是：所有行业的边界都在被重塑。

行业的边界被打破

从诞生初期的PC端线上聊天软件QQ，到如今覆盖近8亿手机用户的微信，腾讯似乎已取代传统电信运营商，成为人们互动与连接最重要的载体之一。与此同时，在移动支付、线上娱乐、生活服务、在线旅游和交通出行等领域，消费者也会发现腾讯的身影。基于核心产品打造的用户网络，在智能互联网络的帮助下，腾讯将自己的竞争力持续地扩展到彼此之间相互连接的不同领域。你几乎无法界定腾讯属于哪一个行业，也很难知道腾讯的对手是谁。但是在腾讯的帮助下，你可以体验到“在线一站式服务”的生活状态。

罗辑思维是什么？就是一种跨界融合打破市场格局的逻辑，它几乎可以通杀所有的行业，因为它把自己变成了一个微信营销的典范。你可以说它是一家销售公司，融合不同的传统行业，但是本质上它是一个自媒体。如果你想破市场的局，想要获取新能力，就要跨界融合，只有跨界融合，才能打破市场格局。

乐视的战略似乎让很多人无法看懂，甚至很多人会认为贾跃亭的做法有着极大的冒险成分，这种担心不无道理。不过，如果可以更换一个视角去看，不适用的也许是对原有行业边界的认识，如果打破边界去看，或者可以理解。不要把乐视界定在娱乐行业、传媒行业、内容提供商或者硬件提供商上，也许这些都不是乐视的边界，因为这些行业的边界都被打破了，形成了一个全新的网络，乐视称之为“生态网战略”。这是一种描述，但也是一个事实。一种更加融合的趋势会让很多行业相互渗透，使其具有成长的可能。

在2015年之前，企业的经营活动都是围绕着结构调整、转型、升级、淘汰落后产能和组织内部激活展开的，这些活动可以解决企业所面对的挑战。但是2016年市场发生了全新的变化，其特点是：所有的行业（甚至包括新兴的互联网企业）都在发生质变而不仅是量变，都需要找到行业的新属性。所以，你会发现一家农业公司不再讲农业了，一家卖场不再讲卖场，一家互联网公司不再讲互联网，这叫什么？这叫质变，也就是行业本质的竞争要素在变。我的一个朋友并购了一家教育领域的企业，他希望我可以给他推荐一个总经理的人选，并告诉我这个候选人需要有教育行业的背景和经验。但是我对他说，你并不一定需要选择具有教育背景和经验的人，因为今天的教育行业已经不是过去的教育行业了。行业认知已经彻底改变，对于这个变化，请大家一定要非常清楚地进行理解。这个变化里面所蕴含的关键点，就是对每个行业的认知不能再以经验来判断，每个行业都处在一个全新的发展模式中。

生产者与消费者的边界被打破

最近一个非常吸引人的话题就是“众筹”，有幸曾与“中国式众筹”的一群创始人进行交流，并为杨勇、树杰撰写的《中国式众筹》写推荐序。杨勇和易辉等人所实践的众筹模式，吸引了很多人参加。在这个过程中，互助保险、人才IPO等创新模式的出现，让我开始体会到生产者与消费者之间角色渗透与互换的特征，更深地感知到两者之间的界限打破所带来的全新变化，所有这些令人欣喜又恐慌。我甚至在南京、杭州、北京与一群可爱的人，分别众筹了一间“品成梦想咖啡馆”小店，大家都积极参与和感受这一新兴模式。在了解和参与众筹的过程中，我发现这种模式最大的生命力在于：生产者也是消费者，消费者也是生产者，这种双重的角色定位帮助其商业模式本身具有了可持续性。

Uber 把个人车辆的闲置时间利用起来，让私家车主也可以转变为交通司机，乘客因而获得高效、低价的运输服务，服务方也享受到了使用效率提升带来的回报。在消费者和生产者彼此角色的轮换中，持续的需求与供给不断地被创造出来。短短几年时间，Uber 便成长为全球最大的“出租车”公司。无独有偶，Airbnb 也在共享模式的推动下成为世界客房数最多的“酒店”。消费者也会成为生产者，这样的组织会具有强大的生命力。Uber 和 Airbnb 所采用的模式让它们具有了无法想象的魅力。

企业的组织边界被打破

今天的企业较之互联时代之前的企业，最大的不同就是具有弹性，组织需要不断地调整自己，不断地寻找与变化共舞的机会，甚至超越变化的能力；通过建立组织壁垒获得竞争力的方式很难再获得成功，组织更需要形成开放与合作的结构，令外界更容易被纳入，或者让组织本身更融入环境。

新希望六和在 2013 年 9 月制定了“新希望六和 +”的策略，选择打开组织平台，无论是内部还是外部，都可以嫁接新的组织能力，从而帮助企业获得新的发展机会。新希望六和不再用“传统”或“新兴”的标签来看待各行各业，这是因为，从某种意义上说，每个行业都需要具有互联网的特征，都需要具备连接和分享的能力。在产业链上游，与生物基因科技公司、原材料供应商、食品公司进行合作；在内部，实行产销分离，设立创新平台，打造针对养殖户的技术、金融服务能力；在食品终端，我们与电商平台、终端食品品牌建立了战略合作关系。这些新能力的获得都是建立在合作的基础上的，同时它们也向全行业开放。这一切行动有效地帮助了新希望六和从生产商向以用户为导向的农牧业服务商转型。今天的新希望六和已经具有了开放的属性以及平台的属性，打开组织边界，激活内部员工的创造力，更重要的是因为不断变革与转型，不断打破内外部边界，让这家传统的农牧企业具有了全新的能力，以应对环境的变化以及顾客价值创造的需求。

行业边界、企业组织边界以及生产者与消费者边界的打破，已经不再是一种趋势，而是一种现实。我还记得2007年阅读《平台领导》这本书给我的启发，安娜贝拉·加威尔和迈尔克·库苏麦诺两位作者在研究英特尔、微软和思科如何推动行业创新的过程中，提出了有关平台领导的概念。“我们所说的平台领导，是指以推动自身行业创新为目标的公司。”“没有哪个公司可以获得一个市场中所有的创新能力，特别是当需要创新的工具和知识比以往要更加广泛的时候。结果，在我们了解的平台当中，首先创建最基本的应用产品，然后再为新一代产品创建补足品。不管怎样，平台领导和补足品创新者具有很强的合作动机，因为他们联合起来的创新成果，可以为行业每一个参与者提高潜在收益。”企业管理者在理解了环境变化的几个根本特征后，就需要用产业再造的逻辑去看待每个行业，而不能仅仅依赖于自己的经验。

认识未知而非经验传承

2013～2016 年，我走到前端去帮助一家大型农业企业进行转型。在这个过程中，我最为深刻的感受就是无法再用传统的农业来理解农业。持续深入到这个行业后，我发现农业产业因为互联网技术不得不面对再造的问题，它已经不再是一个传统农业的概念。以往提到农业的时候，我们可能会想到农村、农民、土地，会想到种子以及养殖和种植的环境。现在的农业加了三个要素：金融、数据、信息。金融为纽带，数据为支撑，实现信息闭环；用农业大数据、农村金融以及农业物联网把农业产业的全过程进行再造。换句话说，如果没有金融，没有数据，没有信息，今天几乎是做不了农业的。这一切与传统农业的运营逻辑完全不一样。而整个农业产业链从种子开始一直到最后消费者端，整个过程都被改造了。我一直对新希望六和的同事讲，我不担心他们在农业上的经验，因为新希望六和已经有了 30 多年的历史，其实我最担心的是，我们真的不知道未来的农业长什么样子。

“互联网 +”给农业带来了前所未有的新属性，农业产业中最重要的四个环节，都因此发生了根本性的变化。在**生产环节**上，“互联网 +”可以实现精准生产。生产过程变得精准，因为土地、环保以及空气等因素都有了很大的改变，如何减少占用和污染成为关键影响因素，这实际上等于农业生产过程的做法完全改变。在**经营环节**上，“互联网 +”可以实现农产品供应链。对经营的理解不再单纯是成本的改变，在经营的概念上更多的是农产品供应链；农业也和其他制造企业一样，未来最大的属性是供应属性；农业产业必须实现扁平化、透明化、公平化，必须真正能与消费者对接和理解。从**农业管理环节**上来讲也变了，“互联网 +”可以实现生产全过程的高效和透明，你必须让消费者了解产品是怎么生长的，比如新希望六和与京东合作，顾客可以在京东上买一块肉，知道这块肉被生产出来的全过程。在**信息服务环节**，实现了便捷化、个性化。这四个核心环节的改变，改变了整个农业行业。

因为“互联网 +”，使得农业产业的六个关键要素都发生了改变，农民已经不再是传统意义上的农民。我们同样需要理解另外五个核心要素——资本、市场、技术、制度、土地都改变了。以农业产业做例子，只想告诉大家，没有一个行业会按原来的逻辑去发展，其核心原因不仅仅在于技术改变了，还在于消费端也改变了。

今天的管理者需要有**认知未知的能力，而不仅仅是对经验的传承**。因此，**组织管理所要解决的，就是如何让组织具有面向未来的能力，而不是传承经验的能力**。很多时候人们谈到的互联网带来的冲击、变化的巨大影响、创新的必要性，这些都是重要的改变，但是真正要改变的是对发展逻辑的认识。发展逻辑的改变对能力、资源的要求随之改变，这是一个非常大的调整。这个调整会带来两个明显的未知：一个是你根本不知道谁是你的对手；另一个是不同人进行组合带来的全新变化是你无法预知的。所以，对管理者来讲，这是一个需要从根本上改变自己、改变组织的要求。

怀特海的《教育的目的》一书中的很多观点都给我以启发。他在书中阐述了智力发展的节奏特点：浪漫、精确和综合运用，自始至终地存在。第一个阶段是对于浪漫的想象，这个很重要，可以激发想象力和创造力。第二个阶段是对精确的认识、对数据的认识，通过精确的知识细节进而领悟原理。第三个阶段是综合运用，要能够综合运用知识。我借用怀海特的这些观点来理解今天的综合运用，就应该是对未知认知的能力，而不是依靠经验。

找回美的感觉其实很简单。去触摸一片叶子，去闻一下在很热的夏天午后暴雨的气味……

——蒋勋

第3章

获取持续成长的管理秘诀

INSPIRE THE ORGANIZATION

为什么一些企业能够持续成长，持续应对外部环境的变化和挑战，无论是技术更新、经济危机以及行业调整？六七年前，我讲手机行业中接下来能超过其他品牌的一定是华为，当时没有人信，因为当时的诺基亚、三星、苹果都非常强大。可是我为什么会说是华为呢？这是因为我去华为参观时，看到了这家公司正在做的事情：判断这个行业的变化、市场的变化、技术的变化以及做了很多超前的投入和准备，我因此做出了上面这个判断。今天华为手机的影响力，相信大家都已经在市场上看到了。

一家优秀的企业到底在做什么？正如华为一样，这些优秀的企业总是能够面向未来，提前布局，寻找变化以及未来的机会，用增长去面对变化，最重要的是这些优秀的企业对增长所做的努力。这种增长让它们勇于面对不确定性。很多时候，一些企业总会因为各种原因，陷入停滞或者被动，但是优秀的企业总可以找到持续发展的路径，它们不断实现自我转型，遵从市场客观规律和发展规律，以获得自己的成长。

在任何时代，总会看到持续增长的优秀企业，即使在今天不确定性成为常态的环境下，大家都在为经济增速放缓、全球经济疲软而担心的时候，依然可以看到一些优秀企业的强劲增长，比如谷歌、苹果、亚马逊、华为等。为什么会有这样的情况出现？这些优秀企业的根本特点是什么？带着这样的问题，反复与优秀的企业管理者交流与探讨，我认为它们具备了以下三个最主要的特点：**用足够的增长应对变化；用持续转型变革来获取自己的生长；遵从于市场的规律、客观发展规律。**

在持续研究中国领先企业的 20 多年间，我得以接触到了很多优秀的企业，也研究了很多优秀的企业，特别是那些保持持续增长的优秀企业。通过总结它们的经验，我发现，一家企业除了要具备上述三个特点以获得持续增长外，还要具备四个管理秘诀：**增长型组织思维、自驱动的变革文化、符合市场与客观发展规律的企业逻辑、管理不确定性的能力。**（在这部分研究中，我专注于组织管理的视角，没有涉及战略等其他要素。我相信一家企业获得持续增长的影响因素有很多，只是我决定截取组织管理这个部分来进行深入分析，特此说明。）

增长型组织思维

20 多年来深入做“中国领先企业研究”的过程中，我最深的感受就是中国企业在发展到一定阶段时，遇到最大的挑战是组织和文化的瓶颈及惯性。有什么样的思维惯性，这对一家企业而言是至关重要的。我们常常说改革难、转型难，很大一部分原因在于组织的思维惯性卡了壳。**我不认为创新很难，我觉得转型比创新还难，**转型比创新到底难在什么地方？难在组织思维的惯性。

组织思维的惯性有两种：一种是增长型的组织思维，另一种是非增长型的组织思维。非增长型的组织思维体现在把KPI完成，不做冒险，不尝试新的突破，按部就班。增长型的组织思维体现在不断努力去做，尝试新东西，不满足于只完成KPI。对于拥有增长型组织思维的企业而言，在任何情况下看到的都是机会，不能只看到挑战和压力，所以这一类的企业以及企业管理者对于挑战和变化不会焦虑，反而认为这是机会。由此可以想想你自己，如果你对环境变化存有焦虑，那么可能是你的思维方式错了，如果你的思维方式没错，你应该看到的是机会。**对于那些勇于创新的企业和企业家来说，今天是从未有过的商业机会，如此丰富和多元化。**

管理学界和商界人士大多将企业的战略思维作为企业的成功关键，但是在企业发展的实践过程中，另一个也需要关注的视角是组织思维，尤其是组织思维惯性对企业的影响。一个企业组织在平稳发展之时，最可怕的是怠惰，是组织疲劳，就像人们说的“温水煮青蛙”；最可怕的是故步自封，活在自我的成就上，活在过去的功劳上。这样的组织已经开始自己淘汰自己，不是因为环境或者技术，更不是因为竞争者。

因此，组织思维惯性是一个非常值得关注的问题，也是那些优秀企业在企业文化与组织建设中极为重要的一个方面。华为顾问田涛在一次报告中说到：组织在早期要强调活力，要具有冒险精神。我们说华为把秀才造就成了战士，忽略了一个中间环节，那就是首先要让秀才具有冒险精神，这一点很重要。这难道是中国人的发明吗？这其实是真正的人类普遍的组织成长价值观。欧洲人怎么走到今天的？几百年前的西班牙、葡萄牙怎么能够成为当时的世界霸主？靠的是什么？靠的是冒险精神。当他们富裕起来的时候，就开始搞资本市场，金融至上，开始忽视实业，开始普遍享乐，澡堂多于教堂，对于那种狂欢的文明，衰落一定是必然的。后来英国怎么崛起的？当时的英国女王给那些到全世界掠夺财富的英国海盗们颁发了批文，叫“探险”。正是这种掠夺式的探险，才使得大英帝国在它的巅峰时期统治了整个世界的一大半。我想田涛用“冒险精神”作比喻，强调在组织文化中，需要具有不断冒险的精神，而不是安于现状的精神，具有这样精神的组织会拥有增长型组织思维。

增长型组织思维是极为重要的，它包含下面三个方面的内容：**从外向内看的思维原则，鼓励探索与宽容失败的思维模式，打破边界的思维方式**。最近几年，一些历史比较久的企业遭遇到发展困境，我不断和这些企业的管理者说：“忘掉它吧，忘掉之前的核心竞争力吧，因为环境变了！”这些企业发展遭遇到困境，外部原因是环境变了，但内在的原因起决定作用，这里的内因是这些企业不愿意放弃原有的成功或者原有的核心竞争力。我们都知道为什么华为有竞争力，因为在**华为的逻辑里面只有成长，没有成功，华为从来没有讲过成功，一直在讲成长**。我想这就是我们要讨论的事情，我们需要认真调整自己的思维方式、组织的思维方式。

从外向内看的思维原则

企业组织与企业管理者能够基于外部而不是内部，基于顾客而不是自我，基于市场而不是产品，基于行业而不是资源，基于变化而不是历史，来分析问题与理解企业自身，我把此定义为组织思维原则，并坚持要求企业组织按照这个基准展开思考与工作。从外向内看的思维原则包含以下几个核心内容：第一，必须从外审视你的企业；第二，不断重新定义对市场、对行业的理解；第三，利用一切技术和机会明确顾客需求；第四，不断重构企业的核心能力。

记得海闻教授对“新常态”用了下面三个概念进行表述：增速开始调慢，结构开始调整，新技术产生。我非常认同这三个判断，这也说明企业发展的整个外部环境的确发生了变化，中国大部分产业都遇到了产能过剩的结构问题，比如中国饲料产能利用率只有 38% 左右。在产能过剩的条件下，企业的增长从哪里来？结构内的增长和结构外的增长，这两者对企业的要求是完全不一样的。不仅仅是互联网技术，更多新兴的技术对各个行业都产生了非常多而且巨大的挑战。在这样巨大的变化下，企业管理者就要问自己这条路应该怎么走下去？今天企业组织所要面对的最重要的也是最难的问题是：怎么确定自己的增长之路？

如果组织掌握从外向内看的思维原则，就能够在这样的环境下找到增长的机会。以我自己最近三年的实践为例，2013 年 10 月，中国饲料行业的许多同行在上海聚会交流，探寻这个行业最大的变化是什么。大家认同我的判断，即改变表现在以下三个方面：第一，行业的评价体系完全改变了。以前是农民评价饲料企业好不好，现在是消费者评价饲料企业好不好，产品安不安全。第二，供应属性变了。以前是提供产品，现在是提供安全可靠性。第三，增长方式变了。以前是扩大产能，实现规模增长，现在是产能过剩，创新增长。评价体系、供应属性、增长方式都变了，这时候对行业的定义也就随之改变了。

我想其他行业也如农牧行业一样遇到了这个难题。这个难题就是行业的定义会变，你不能用你的经验、历史再来规划你所在的行业，如果你依然那样做，被淘汰也就是必然的了。从某种意义上讲，重新定义行业产生了更多的机会，所以需要企业拥有从外向内来看的思维习惯。

鼓励探索与宽容失败的思维模式

企业组织与企业管理者能够在内部形成一种默契的文化，包容与支持团队成员不断探索、不断尝试，才能够保障组织不断创新，获取主动从而迎接挑战，我把此定义为组织的思维模式。在过去很长一段时间里，资本与资源稀缺，所以资本与资源的支配力更大一些。现在情况变了，无论是现在，还是未来，人才以及人的创造力会成为稀缺以及决定性因素，资本要附着在人才身上，才能够真正发挥价值。人们越来越清楚地知道，人的创造力决定着企业的成败。鼓励探索和包容失败的思维模式，需要企业组织，尤其是核心管理团队养成这种默契以及评价习惯。鼓励探索与宽容失败的思维模式有以下几个核心内容：第一，在企业价值共识约束下的自由发挥；第二，奖励探索；第三，包容失败。

这里要强调的是企业价值共识约束是前提条件，人才的培养最重要的是价值共性的形成，有明确的价值观指引，才能保证行动的有效性。对于人才本身而言，他们具有创造力，同时也可能带来破坏力，因此在共同价值观约束之下是一个极为重要的前提条件。在企业中流行着一种“能人”的说法。这些“能人”直接影响着企业的经营绩效，如果他们不作为，绩效立即波动，正因为如此，“能人”常常要求企业为他们打破规则，为他们做出很多组织约束上的让步。请理解，在这样的情形下所获得企业绩效，是极为危险的，因为无约束力的人才，是一种极为不负责任的创造力，这并不是我们所提倡的。企业价值观共识前提下的创造力，才是我们所提倡的。所以，企业需要“对的人”，而不是“能人”。华为提倡的“以奋斗者为本”之“奋斗者”是对的人；英特尔公司提倡的“我们欣赏战败的人，而不是气馁者”，“战败的人”也是对的人；杰克·韦尔奇强调所谓的忠诚，不再是对企业实体付出时间而是在外部市场上取得胜利的人们之间的一种默契，这也是对的人。真正的人才，不是你创造了多少业绩，而是你在共同价值观下创造的价值。

在《激活个体》这本书里，我特别介绍了谷歌的“创意精英”的组织管理模式。谷歌所做的实践，就是缔造了一个能让“创意精英”不断探索的组织。基于新技术，特别是互联网技术的新兴公司之所以充满活力，正是因为它们的组织是一个鼓励成员探索的组织。这样的组织打破层级、岗位以及分工；这样的组织给员工提供各种资源，以促成员工探索的可能。3M 公司的组织管理体系准许员工跨部门成立工作小组，准许员工拿出工作时间的 15% 自由支配，去做与本职工作不相关的事情，并且为员工设立创新工作的氛围与平台。结果，3M

公司过去五年来的新产品贡献率，绝大部分都是内部员工在这 15% 的自由时间里的价值创造。

包容失败是组织获取创新的一个根本性基础。有关因失败而获得创新与机遇的例子数不胜数，我在这里不再一一列举了。之所以把这一点作为核心内容提出来，是因为中国传统文化中固有的习惯往往不能够包容失败。在 2016 年里约奥运会上，中国女排的胜利让中国人极为振奋。2016 年 8 月 21 日，女排决赛的电视收视率接近 70% 这一惊人的数据。30 多年来，女排精神鼓舞着几代人在逆境中崛起。永不放弃、永不言败的团队精神是女排精神的内核，所以郎平才会说："女排精神不是赢得冠军，而是有时候知道不会赢，也竭尽全力！"

我喜欢华为对于创新与研发的设计，华为每年把销售收入的 10%～15% 投入到研究和开发中，这是一个巨大的数字。其中 30% 用于研究，研究是一项不确定性的工作，需要鼓励探索与冒险，华为设定的一个收敛值是 0.5，也就是说，允许有 50% 的失败。在华为看来，这不叫失败，叫探索。一个包容失败的华为，才会有如此巨大的竞争力与增长能力。

打破边界的思维方式

企业组织与企业管理者能够突破固有的边界、管理方式以及体系，为市场与顾客服务，而不是为组织内部的制度和系统服务，我把此定义为打破边界的组织思维方式。正如本书第 2 章中所言，所有的边界都被打破了，这其中自然包括企业组织的边界。打破边界的思维方式有如下核心内容：第一，用平台取代层级；第二，协同提升分工；

第三，整合优化资源。

传统的组织管理是一个围绕着层级结构而展开的权力与责任体系。在这样的体系中，层级起着巨大的影响作用，不同层级有着不同的权力分配以及信息传递，不同层级之间有着一种心理契约，无法突破并形成一种隔阂。在层级结构之下，无论如何强调合作，无论花费多大的努力去打造一种合作的企业文化，组织成员还是会回归到岗位角色，这是必然的本位主义，“屁股指挥脑袋”。因此，优秀的企业都会在企业内部设立众多的发展平台，打破层级结构。海尔的“人人是创客”以及“人单合一”的组织管理模式、华为的“轮值CEO”组织模式、新希望六和的“划小单元”以及“四大创新平台”的设立，都是设立平台型组织的有效尝试且取得了明显的成效。

环境带给组织的挑战使得组织柔性显得极为重要。如果要获得组织柔性，就必须解决分工如何发挥协同效率的问题。管理成为科学是从泰勒的分工理论开始的，因为分工才有了提高劳动效率的途径。而管理的功效一定是解决效率问题。今天管理者遇到的挑战是：分工似乎成了阻碍效率实现的因素，在我去调研的很多企业中，这甚至是普遍的现象。解决这个难题的途径是用协同提升分工，这就要求每一个成员能够用系统思维和整体意识来对待自己的分工，用配合他人、达成整体绩效作为自己的工作准则，在组织内部有奉献，才会有价值创造。

整合优化资源是一种需要管理者真正理解并力行的思维方式。我们可以先从战略层面来看这种思维模式的重要性。首先，借用谷歌创造价值的模式来进行说明，我们知道用户使用的谷歌的搜索服务是免费的，以吸引全球20亿人上网搜索。搜索服务提供者把这20亿顾客的资源卖给第三方，即所有想通过谷歌把他们的资讯传播给这20亿顾客的个人或机构，或许年收入能够达到2000亿美元。如果直接向顾客收费，不可能获得这样的结果。再看苹果，苹果不仅把手机作为一种商品，而且把手机做成一个平台，因为平台可以整合第三方，把那些和手机用户有价值关联的企业或顾客整合到这个平台上。可见，整合优化资源有多么重要，运用这一点的谷歌与苹果，都成为了持续增长的优秀企业。

华为最近有一个大讨论，其核心思想是任正非先生提出的“炸开人才金字塔，与世界交换能量”。在这个讨论与共识之下，华为开始无限扩大外延，用华为分管人力资源高级副总裁的话说，就是“使内省领军人物辈出，外延天才思想云集”。这位副总裁分享了一个例子，意大利人雷纳托·隆巴迪先生（Renato Lombardi）是著名的微波研究专家，五年前，华为因为他把华为微波研究中心设在米兰。马丁·克里纳先生（Martin Creaner）是全球知名商业架构师，两年前，华为为了他在爱尔兰科克市一个不知名的小城市，设立了研究所。如今，这个“一个人的研究所”也有了20多人的专家团队。马修·雷汉尼先生（Mathieu Lehanneur），曾是卡地亚、三宅一生等品牌的设计师，现在则是华为法国蓝血研究所的首席设计师。人才在哪里，资源在哪里，华为就在哪里，这就是华为的组织管理逻辑。

从外向内看的思维原则、鼓励探索与宽容失败的思维模式、打破边界的思维方式，构成了增长型的组织思维。增长型组织思维对于企业组织来说，至关重要：企业形成增长型组织思维惯性，就可以因应变化获得持续成长。可惜的是，大部分企业依然是一种非增长型的组织思维惯性，如果不做出彻底改变，淘汰这些企业的不是环境变化，而是企业自身的思维惯性。

自驱动变革文化

中国领先企业如何不断在转型中崛起，同样也是我一直关注研究的主题，其中一家代表企业就是美的。2011～2012年，美的用一年半的时间做全面转型，并迅速崛起。到了2015年，美的的转型取得了良好的业绩以及未来的可持续性。2015年，美的的利润已经是2011年的两倍。在《财富》杂志关于方洪波的封面文章里，对于此次转型做过描述：

“慢慢瓦解，顷刻崩塌。”方洪波提到了海明威的小说《太阳照常升起》里描述商人破产的句子。方洪波说，那时他听到了美的正在瓦解开裂的响声。2011年年中，美的的财务数字出现了三年以来的首次下滑。在销售规模同比增长近六成的情况下，其利润仅仅增长了14%，除了冰箱，其他所有产品均呈利润下降的趋势。家电业此时本已经利薄如纸，面对依然在急剧扩张的生产规模，任何波动对美的都可能是致命的一击。

方洪波率先在自己掌控的上市公司美的推动变革。他要求公司高管放弃仅仅依靠扩大规模来蒙混过关的念头，把注意力放在提高质量、降低损耗上。他提出一项名为“精品工程”的战略，并严格督促执行进度，每个部门要以月为单位做汇报，方洪波进行现场打分。他在半年的时间里，将美的原有的产品型号砍掉了 7000 个，停滞 30 余个产品平台的运行，几乎将非家电业务全部关闭，聚焦于白电板块。2011 年，美的员工总数接近 20 万人，在大约一年的时间里，共计裁员大约 7 万人。到了 2016 年，美的集团进入《财富》世界 500 强榜单，位居第 481 位，并以 222 亿美元的营收跻身全球最大的家电公司之列，这也是历史上第一家进入该榜单的中国白色家电企业。

另一个例子是新希望六和，这家有着 30 年历史的公司，在 2012 年开始遭遇行业下滑后的首次业绩不增长。从 2013 年开始，新的董事会成员决定展开全面转型：一方面是战略转型，从一个传统的农牧企业转型成为农牧食品企业；另一方面是组织转型，从一个区域层级结构，转为基于顾客价值创造的组织形式。2013 年，新希望六和开始了企业变革之路，先从拆分青岛中心开始，然后是“产销分离”的业务重组，从人员到结构做出巨大的调整，之后到“划小经营单元”，再到激活个体等一系列变革。团队秉承新希望六和人的韧性，在低谷中奋起，饲料产销量依然保持了中国市场第一的位置，从此企业盈利能力开始大幅度攀升。新希望六和人克服组织变革带来的阵痛，超越自我，个人能力同时获得了大幅提升。我们经历了变革之痛，亦在享受变革之美，到了 2016 年公司获得了历史上最好的业绩成果。美的和新希望六和都因主动转型，获得了美好的成效。

对于华为、TCL、海尔、联想、宝钢这样一直快速发展的企业而言，**自我改变是其持续领先的根本动因。**它们共同的特点在于能够做好五件事情，即**更扎实地做事情；有强大的危机意识；能从失败中汲**

取价值；坚持学习与竞争；全员创新。如果想要做一家持续领先发展的企业，必须自己做出改变。这些领先企业的成功经验都非常值得我们学习。

更扎实地做事情

海尔花了10年的时间去学习如何成为基于互联网的家电制造企业，包括与阿里巴巴做电子商务，在企业内部进行全面转型。海尔直面挑战，主动转型，做事扎实，全力提升用户体验，杜绝自以为是，从正三角组织转向倒三角组织。所谓倒三角组织是指员工在最上层，而管理者在最底层，因为员工第一时间了解满足用户需求，各级领导变成员工支持者，员工需要什么，管理者就提供什么，每一个一线员工就是第一信息中心。经历了10年的转型，海尔已经是一家完全面向互联网技术的制造企业。

有强大的危机意识

华为人都是在不断的自我批判中得到提升，迅速成长的。以自我批判保持组织与文化的驱动力，尤其是高层管理者能够率先垂范，头脑冷静，时刻保持着足够的危机感和自知者明，不迷信自己的实力和能力；广开言路，鼓励员工自下而上地反映各种问题；不单纯依赖纵向产品，顺应产业从纵向向横向转化的趋势；不局限于高利润和模块化产品；不承认功臣，不受限于经验。自我批判的组织驱动力让华为成为领域内全球领导者。

能从失败中汲取价值

2006 年，TCL 出现了亏损，但它并没有因此受到打击而不作为。失败是企业开拓过程中会遇到的挑战，关键在于其是否能够正视失败，以冷静的分析进行反思和总结。为让失败变得更有价值，TCL 做到了这一点。从 2006 年开始，TCL 进行文化变革："三改造，两植入，一转化"。公司上下进行文化改造，从中层开始培养精英，在企业内开展"鹰系工程"；聚焦核心业务，提升核心竞争力，很快重获新生。

坚持学习与竞争

与大象共舞的联想，是坚持学习与竞争的标杆。联想走到今天，很大程度上在于它能够不断向领先的企业学习，从学惠普，到学 IBM，然后学苹果。联想多元化受挫后积极进行调整，在摸索中学习国际化，组建国际化团队，虚心学习，不断摸索，快速成长，自我超越。

全员创新

面对行业危机，宝钢以自我转型实现了持续的发展。钢铁行业最近 10 年遭遇到了巨大的挑战，宝钢在此行业不景气的背景下，寻找到了自己的路径，取得了宝贵的成效。它坚持从数量发展转向内涵发展，建立全面的内部创新激励和培养机制，用创新获得发展。它鼓励全员创新，实施"金苹果"计划与"蓝领创新"工程；建立以研究院、工程项目和生产现场为核心的三位一体、协同互动的体系架构；建立职工经济技术创新小组；将创新意识渗入每个人的 DNA 中。

同样以自驱动变革而获得成长的跨国企业也是如此，如在全球范围内成长的卡夫食品为顾客而变。2012 年，美国最大的食品公司卡夫食品分拆成为两部分：卡夫食品和亿滋国际。其全球零食业务 44% 的利润来自新兴市场，37% 来自欧洲，少于 20% 来自北美。亿滋国际将专注于更大空间的全球市场。2013 年 7 月，卡夫中国也随之正式更名为亿滋中国。卡夫原本在北美代表的是其肉食品牌，而“亿万好滋味”则更有中国式的味道，让顾客真正感觉到这是一个以顾客喜好而定的名字。

2013 年 10 月，孟山都以 9.3 亿美元收购天气保险公司。该公司是一家分析历史天气数据的公司，如降雨和土地质量等，来帮助农民预测作物产量。孟山都希望能够借助其数据分析进入“下一个农业时代”。孟山都将自己称为一家数据公司，帮助农民优化产量管理风险。孟山都希望在农业领域像通用电气一样：在全球范围内获得史无前例的产品交互数据，提高工作效率并尽可能地在这些数据的基础上出售新的服务。

面对全新的环境和挑战，很多企业正在开启一次全新的转型。这些转型的企业都在三个要素上做出了调整——变革的领导者、文化与人。管理者是否能够成为变革的领导者，决定着企业是否可以获得持续成长。企业需要的真正领导者是影响力超越其权力范围的人。因此，变革可以由任何人来带领。这些能够持续成长的企业都会拥有真正有效的价值观，也就是企业文化。企业价值观让企业能够形成开放、融合的品性，同时塑造员工，使其拥有这种品性。文化与人的成长，让企业不再依赖于个人的能力，而是彼此相助，彼此分享。责任与协同成为企业的坚实基础。

符合市场与客观发展规律的企业逻辑

与大家简单分享一下，我在理解农牧行业变化时所感受到的市场客观发展规律及逻辑。通过对美国饲料企业的研究，我发现，首先，行业内的重组和整合将是未来的发展模式。其次，未来 50 年，随着世界人口的增长，将需要两倍于现在的食物供应，其中 70% 的食物必须依赖科技发展带来的效率提升。再次，美国农牧领域的企业家通过对行业发展的历史总结得出如下经验与教训：要不断进行技术创新，使食品生产透明化，将农业放首位，并且要齐心合作。最后，关于未来的发展机会结论是：针对技术、知识转让展开全球范围内的合作；以食品供应安全为基础，从而与消费者建立信任；鼓励下一代投身于农业生产；共同解决全球温饱问题。

改革开放后，中国农牧行业经历了四个发展阶段。第一阶段是工业化，代表企业是希望集团、正虹集团，这个阶段是让养殖科学化、工业化的过程。第二阶段是产业化，代表企业是山东六和、广东温氏等，这个阶段是饲料生产规模化、产业化的过程。第三阶段是专业化，代表企业是广东海大、北京大北农、江西双胞胎等，这个阶段是饲料专业化生产与专业化服务的阶段。第四阶段是安全可视化，其代表企业是正大食品、双汇食品等，此时企业向消费端转移，提供可靠性。可以说，在改革开放后前 30 年中，中国农牧企业是 1.0 版，即“公司 + 农户”的模式，主要解决规模问题。到了 2010 年，中国农牧企业进入 2.0 版的发展模式，我称之为“基地 + 终端”的模式，养殖过程可视化，终端食品可视化，为消费者提供安全、可靠的产品，解决食品安全问题。

在对农牧行业市场及发展逻辑认识、分析的基础上，新希望六和清晰地提出了转型的纲领，即“三大战略信念”。第一大战略信念：农牧行业正在进入提供可靠性的新纪元。消费端的需求改变，导致农牧行业产业价值链的核心价值发生根本性的改变。这就要求农牧企业必须具备提供“可靠性”的能力。从“提供产品”到“提供可靠性”，是这个时代农牧企业变革的本质，它将把整个行业带入到一个全新的纪元。因此，新希望六和在商业模式上的转型，就是要在这个领域获得无可争议的领导者地位。第二大战略信念：新的产业合作者正在涌现，形成新的格局。由于资本与资源的重组，使得大批原本与农牧不相关的人，突然成为农牧行业的重量级客户、参与者，自然使得市场格局发生新的变化。国际市场农牧企业的重新整合与分工迫使我们要尽快调整。我们的转型要致力于服务这些新的客户，与这些新的客户一起进行更大范围的合作，从而在新市场格局中占领先机。第三大战略信念：生活方式发生重大改变，因应而改变的企业会获得新的成长。互联网技术带了颠覆性的变革，使得社会生活中的方方面面都发生着根本性的改变。这些改变将带来挑战与机遇。企业主动的自我变革会从文化、组织结构、领导力提升上做出努力，同时对自己所面临的挑战有着清晰的认识，以明确的战略和坚决的措施实施转型。

从自身的实践以及优秀企业的发展中可以看到，对于企业是否拥有符合市场与客观发展规律的逻辑，需要从两个维度进行思考与判断：一个维度是顾客，另一个维度是技术。

着眼于顾客是关键

真正影响企业持续成功的主要重心不是公司的战略目标，也不是发展战略和运营管理的流程，而是专注、集中于为顾客创造价值的力量。聚焦于为顾客创造价值是经营的第一个关键基本元素，正如彼得·德鲁克所说："企业的目的就是创造顾客。"

就其本质而言，企业应当贴近顾客。企业应该去满足顾客的需求，但是有很多企业的行为让人感觉其过于热衷竞争游戏，而不是围绕顾客需求展开工作。很多企业在过去的30年间，都经历了巨大的变化：制造活动实施了全面质量管理，供应活动努力向即时管理方向过渡；信息技术的运用使得企业内部大量的文字工作被替代，管理人员的数量也在减少；互联网技术导致商业模式创新层出不穷，人们趋向于不断创新、迭代甚至颠覆等。但是，我最为惊讶的是在这一切努力的背后，对于顾客所做的努力并没有太大的改变，确切地说就是企业的经营没有什么改变，甚至很多时候这些创新只为创新，并没有从顾客价值层面上做出努力。

为了应对当下的挑战并在未来的时代扮演好应有的角色，企业需要表现出来一系列新的特征。这些特征就是要更好地理解顾客的需求，更好地提供顾客需要的价值。早在1960年，西奥多·莱维特在其影响深远的《营销近视症》中就提出"顾客导向"的概念。莱维特认为许多大量生产的组织错误地采取了"产品导向"，而不是"顾客导向"。为此他写文章传达的关键信息之一就是，如果企业从提供大量制造的产品的做法转向满足顾客的真正需求，那么企业进入市场的方向就应该有重大的改变。因应顾客时代的到来，企业需要做出重大的改变，不能沿用原有的定位、旧有的习惯来面对，而需要真正以顾客为导向做出全面的调整。

新技术的出现，特别是数字技术的出现，让很多人以为可以通过技术了解顾客，但是要知道，这些技术并不能替代企业领导人对顾客的直觉，事实也许刚好相反，是因为对顾客具有敏感性，进而才体现出了数字技术的价值。然而令人遗憾的是，很多领导人对此并不擅长。更令人遗憾的是，那些身居高位的管理者对顾客需求的理解、对顾客体验的把握，已经相当生疏。他们只是关心公司财务业绩，关心企业自身的状态，熟悉自己过去的经验；对于了解顾客体验，以及在此基础上设计并选择可能的发展道路，几乎没有兴趣或者没有想法；很多高管几乎不知道企业的顾客是谁，几乎不到一线，而仅依赖于数据报表。大数据能帮你分析客户行为，但不能告诉你应该聚焦哪个细分市场，不能告诉你顾客的真实感受，不能告诉你应该在哪里主动出击。在理解顾客的真实体验，寻求数字与真实之间的关联，了解企业与顾客的关联，以及最终做出判断决策等方面，还需要依靠人的智慧。

如何为顾客提供更新、更好、更优价的产品及服务？这需要企业打破既定行业、市场格局、原有经验以及产品，完全从最根本的顾客需求出发。因此，要从顾客体验的全过程出发，看看还有什么地方不尽如人意，想想企业可以改进什么，让顾客的体验变得更好、达到极致。值得注意的是，今天顾客需求变化极快，与此同时，各种创新与技术进步也日新月异。如何在技术创新与顾客需求之间实现完美的连接，关键就在于从顾客需求出发，着眼于如何提供极致的顾客体验。

如何培养对顾客的直觉判断？如何关联顾客需求？深入到一线，与顾客在一起是真正的解决之道。比如，苹果的乔布斯及亚马逊的贝佐斯对顾客需求的敏锐观察及精深把握，更是登峰造极，令人钦佩。三星的李健熙则从另一个方面让人赞叹，他要求自己和三星的管理层，都必须使用同行的产品而不是三星的产品，因为这样可以换个角度去理解顾客需求。稻盛和夫先生在带领日航恢复盈利时，采用的方式也是一样的，他选择自己去坐经济舱，一方面能够体验顾客的感受，另一方面能够亲近一线员工。正是由于他能够深入到顾客和一线员工之中，日航在他上任的当年就扭亏为盈，并取得历史上最高盈利的结果。

其实，顾客需求的细微差别无处不在，关键在于你是否能认真观察，用心理解。我很喜欢微信这个产品，不仅仅是因为它已经成为日常生活中不可或缺的工具，更在于它不断更新、改进以及持续满足顾客的能力。微信已经嵌入到顾客的生活之中。它带给顾客的全新体验、解决问题的便捷程度以及带来的惊喜，使其成为人们生活的一种必选方式。

今天是一个巨变的时代，每个人都在变化之中，这是一个事实，也是一种挑战。但是，无论如何改变，有一点是不变的，那就是顾客价值创造，这是一个永恒的主题。无论变化的是什么，政策环境、全球化冲击、社会潮流还是技术革新，不变的关键永远在于捕捉顾客痛点、解决顾客问题、为顾客创造价值。

关注技术变化是核心

有一组数字让我很受触动，2015 年阿里巴巴实现销售收入超过 3 万亿元，这个数字与沃尔玛在 2015 年的销售收入基本一致，但是阿里巴巴只用了大约 7000 人，而沃尔玛大约用了 230 万人。这意味着什么？意味着互联技术带来的价值是一个你不得不关注的话题。像亚马逊这样的公司，是数字时代的原住民。它生来就以客户为中心，其企业领导人更是聚焦于此；在那里，数字技术不仅已与日常经营紧密地融为一体，而且还在为创造更好的客户体验而不断精进。传统公司则不然，层级森严的官僚体制经常模糊了本来应有的对客户的关注，数字技术与经营管理脱节的现象也不在少数。WhatsApp 就是数字化企业的典型代表。该公司于 2014 年 2 月被 Facebook 以 19 亿美元的天价收购，其独特价值就在于既可以保护用户隐私，又能实现即时信息通信。数字化企业的最大特点就是能快速扩大规模，这不仅是因为投资者对它们趋之若鹜，更是因为它们自身在成本结构及资金投入方面的巨大优势。当 WhatsApp 被收购时，员工总数还不到 50 人。

对于传统企业而言，完成数字化改造并从中获益是一件非常困难的事。这些企业通常都有成千上万名员工，在厂房及设备等固定资产方面投资巨大，也会进行技术投资，但其目的主要是为了更换现有设备或提高其使用效率，而非进行数字化改造。在 2016 年正和岛年会上，一位纺织企业的老板问我，他很想把自己的企业变成数字化的企业，但是他已经为设备投入了太多钱，如果不再更新设备，企业就无法完成新的订单；如果继续更新设备，投资巨大，就没有资金去做数字化。这位企业家遇到的情形也是很多传统制造企业遇到的情形，在数字时代的市场竞争中，这些企业似乎被束缚了手脚，只能任由数字化企业攻城略地，利用云计算、大数据、软件及算法等新式武器创造更加卓越的客户体验，抢占其利润最为丰厚的细分市场。

正如通用电气电力及水处理集团总裁史蒂夫·伯茨所说的那样："当今时代，所有企业领导人都必须对大数据有所了解，不仅要知道它是怎么回事，而且要懂得如何加以利用。每个人都必须从头开始，重新学习。"这也是给中国传统制造企业管理者的建议，不管是否有资本投入，数字化改造都需要从头开始，重新学习。

苏宁电器就是传统企业转型的实战案例。在过去几年里，苏宁电器力图转型为线上线下的"全渠道"零售商，于是在数字技术方面大举投入，希望增进对客户的了解，提升客户的购物体验。此举一方面要利用其既有的技术力量，另一方面基于其对客户购买全过程的认知。因为他们发现在购买过程中，客户会选用多种渠道，比如上网比价、店内体验、上网订购以及亲自退货等；所以，他们会思考，如何根据顾客的不同，最快捷地把商品送货到家。此时，算法也能发挥功效，比如从附近的仓储中心或零售门店调货等。零售企业能否只做线下，不做线上？对于这个问题，苏宁电器更名为苏宁云商的时候，就已经给出自己的答案。

当机会出现时，着眼主动出击、变中求胜的企业领导人会更加积极地推动数字革命，"探路者"就是这样一家公司。北京探路者户外用品股份有限公司创立于 1999 年，通过自主知识产权的品牌塑造与推广、产品研发设计、营销网络建设与优化、供应链整合与管理，在全国建立连锁零售网络及电子商务销售系统，向广大消费者提供安全、舒适的户外运动装备。该公司主要从事户外用品的研发设计、组织外包生产、销售，产品涵盖户外服装、户外功能鞋和户外装备三大系列，包括冲锋衣、滑雪装、速干服、登山鞋、徒步鞋、背包、帐篷、睡袋、登山杖、折叠桌椅、野炊露营用具等。该公司拥有自主知识产权的驰名商标“探路者”。它“追求科技创新，为勇敢进取的人提供安全舒适的户外运动装备”，其产品覆盖户外生活的各个领域。随着探路者生态圈战略的升级，该公司以用户需求为核心，目前其业务已扩展到户外、旅行、体育三大事业群。2015 年 6 月，公司正式更名为“探路者控股集团股份有限公司”。

众所周知，户外用品设计的初衷是专为户外运动提供全方位的保护。纵观欧美户外运动的发展路径和当前国内人们生活观念、消费观点的改变，以及户外人群数量不断激增的实际情况，户外活动的大众化、产品的个性化和多样化已经成为行业发展的必然趋势。针对此，探路者也提出了“构建互联网思维下的户外生态系统”的战略构想，重点围绕产品创新、科技创新、战略创新三个方面，打造多品牌、户外服务平台和户外垂直电商的创新战略框架。全面整合互联网运营模式，不仅让探路者进一步“做强做优”，更让消费者最大程度上享受到了互联网带来的好处和便捷。

探路者充分利用互联网和数字化的资源优势，以战略控股的户外活动网站——绿野网为基础，搭建了一个服务于全球户外运动和深度体验式旅行的服务平台。该平台不仅为顾客提供精彩纷呈的户外活动，同时以领队为基本单元模型扩大供应商，为其提供包括活动发布、预订系统、个性定制等全方位后台服务，架构起消费者与企业之间良性沟通的有效平台。

收购绿野后的第一年，探路者通过绿野参加活动的人数已经增加了一倍。探路者的未来目标是，以绿野为基础，打造集线路规划、出行组织、交流分享、担保支付、交易评价于一体的户外旅行综合服务平台。2014 年，探路者已陆续完成了对新加坡在线旅游平台 Asiatravel、国内极地旅行专家极之美、厦门图途户外用品有限公司的投资。探路者的管理者希望绿野会员能达到 1000 万甚至更多，因为他们知道只有拥有了大数据和大量用户，探路者才可能在上面做一些事。如果这个基础不够扎实，一切都是妄谈。探路者利用北斗系统构建了一个安全、及时的救援体系。野外经常发生走失或迷路的情况，这个救援体系可在第一时间知道你的坐标位置并实施救援。这样的救援效率是最高的，因为救援的难点往往是找不到你在哪儿。未来，探路者还打算做一款北斗定位跟踪器，可买可租。它具备以下功能：第一，队员之间可相互形成感知位置；第二，一旦遇到险情，按 SOS 键后，你的跟踪器就将发射信号到卫星。北斗网因此能够获知你的坐标位置，并将你的坐标位置回传到绿野网，使探路者可以马上实施救援。尤其在没有电信运营商信号的情况下，遇险者如能通过跟踪器与卫星建立联系，救援将变得容易。作为一家曾经相对传统的户外用品企业，探路者已确立了从经营渠道向经营用户转型的发展战略，它正在通过互联网技术，逐步构建户外生态系统。

面对市场巨变，企业不想沦为牺牲品，就得主动出击、引领变革。积极利用技术，就是主动出击的方法之一。无论是遵循于顾客需求的变化，还是遵循于技术变化，企业需要理解的是，一定要符合市场的客观发展规律，唯有如此，才会得到机会和成长。

管理不确定性的能力

第四个可持续发展的企业管理秘诀是“管理不确定性的能力”，这个能力对组织和管理者本身都是一个巨大的挑战。驾驭不确定性是现今企业和管理者都需要掌握的核心能力。如何应对不确定性，并把不确定性转化为机会，需要管理者做到以下三个方面的工作。

识别不确定性

拉姆·查兰在《求胜于未知》一书中界定了不同类型的不确定性。他把不确定性分为以下两种：第一种叫经营性不确定性，在一定程度上存在于预知范围之内，并且并不对原本的格局产生根本性影响。经营的不确定性不会改变大的格局，但是它会影响企业的盈亏。第二种叫结构性不确定性，它会改变产业格局，带来根本性影响。因此，识别结构性的不确定性才是关键。

正如拉姆·查兰在书中介绍的那样，经营性不确定性并不可怕，现有的方法足以应对。真正可怕的是结构性不确定性。因为这是源于外部环境的根本性变革，如果没有及早觉察、提前布局，等到变化真的发生时，原有业务只有死路一条。戴尔的衰落就是发生在我们身边的实例。在过去 30 年里，戴尔曾是全球最为成功的企业之一。当年，迈克尔·戴尔开创了“定制化”业务模式，一举奠定了其划时代的伟业。凭借这一业务创新，鼎盛时期，戴尔每季度的现金流入高达数十亿美元。此外，公司还采取了薄利多销的定价策略，促成了其市场份额的节节上升，使其很快成长为个人电脑行业的领头羊。

但 30 年辉煌之后，戴尔遭遇了双重打击。一是经营性的，即 2004 年联想公司收购了 IBM 的个人电脑业务，收购完成后，经过一系列创新，联想成功赶超戴尔和惠普，夺得了全球市场份额第一的宝座。联想更为低廉的产品售价进一步压低了戴尔的毛利及现金流，导致戴尔的股价大幅下跌。面对这样的经营性问题，戴尔或许还能化解，但几乎与此同时发生的结构性挑战，对戴尔来说无疑是雪上加霜。这就是智能手机及平板电脑的出现，比如苹果的 iPad 以及基于安卓系统的平板电脑。与其他电脑企业一样，戴尔对此也没有予以足够的重视，然而其带来的变化却是根本性的：整个市场对台式机及笔记本的需求受到了极大的冲击。似乎一夜之间，戴尔的好日子到头了，过去赖以安身立命的核心竞争力似乎已经变得无足轻重。戴尔的例子的确令人震撼。

坦白来讲，**大家对经营不确定性多少会敏感一点，因为人们对盈亏很敏感，**但是对结构性不确定性很多人并不敏感。比如我服务过一家企业，2007 年时，它做得非常好；2009 年，我提醒这家企业的高层管理团队，技术会洗牌其所在的行业。但是因为这家企业增长非常快，在行业里面已经走到全球第一的位置上，技术本身给这家企业带来了帮助，盈利与规模都呈两位数增长。正是因为它发展得太好了，所以那时没人愿意倾听危机的提示。自 2013 年开始，公司业绩大幅度下滑，老板打电话给我说："你五年前说的话是对的，可惜我们没有听进去，现在麻烦了。"如果企业对结构性不确定性不敏感的话，就会出很大的问题。

值得注意的是，今天，企业所面临的正是结构性不确定性。这种不确定性在颠覆原有的市场环境及行业格局，使原有的市场空间和行业规模急剧缩小，甚至完全消失；这些不确定性因素具有长期性，是不可抗拒的；对于那些缺乏准备的人而言，巨变的到来将犹如晴天霹雳，似乎之前完全没有任何征兆。

这种极具颠覆性的结构性不确定性是全球性的，而且会像原子裂变般势不可挡。由于有了低成本的互联网及无线通信，从理论上说，全球 70 亿人口中的每个人都可能成为变革的始创者，也都能感受到时代带来的改变。来自印度贾巴尔普尔县的 17 岁少年阿莫尔·巴韦，就是这样的幸运儿。他是麻省理工学院与哈佛大学联合资助的在线教育平台上的学习者。全球有 80 万人学习 edX 的在线课程，当然阿莫尔也是其中之一。2013 年 3 月，当然阿莫尔收到了麻省理工学院的录取通知书，因为他在电子电路课程中成绩优异，排名前 3%。他在接受《金融时报》采访时说："我从没想过会有一天能离开家乡。在线教育开启了我新的人生，让我有机会进入像麻省理工学院这样的世界一流学府深造。"

阿里巴巴识别了结构性不确定性，最快意识到消费会从线下移到线上。当线上消费人群更快速地增长时，阿里巴巴就得到了大机会。蚂蚁金服估值为什么会比现有的银行估值还要高？原因就在于它所拥有的消费人群，有可能把银行金融服务的逻辑给颠覆了。换句话说，蚂蚁金服提供的增值服务，可能是未来银行要调整的服务方向。一个可见的人群、符合市场规律的商业模型，再加上企业有自我革命的文化根基，这种估值一定会被明晰的。所以，你要了解这些东西的改变。如诺基亚、戴尔、柯达这些曾经的行业巨头，因为没有识别到结构性不确定性，而惨遭淘汰。诺基亚无键盘的研究技术，与苹果不相上下，有可能还要好，但是它太信赖自己的键盘技术，不去理解根本性的改变，不去理解手机变成终端是结构性的，因此诺基亚失去了在整个行业的霸主地位。

如果想要识别不确定性，管理者一定要对变化敏感。对于管理者来讲，最重要的是求胜于未知，要意识到不确定性，而且一定要意识到结构性不确定性。这里给管理者的建议是：要对变的东西、新的东西敏感，要有兴趣，热爱变化，不要保守和自信，更不要认为你对所有的东西都了解。举个例子，我曾经被一个营销领域的专业人士问了一个问题。他在 PPT 上打出一张任正非的照片，再打出一张雷军的照片，然后问我："华为对小米，三年后手机谁胜出？"我说："一切皆有可能"。坦白讲，我的回答不是狡猾，我真的认为一切皆有可能。就像董明珠与雷军对赌，当时媒体来问我，你认为董明珠和雷军谁会赢？我说："如果是我，就不赌，董明珠与雷军出一个格力小米空调不更好吗？"大家注意，要用变化去看所有的东西，你不能笃定地认为什么是确定的，一定要接受所有的变化，而且你也要变化地看待问题和思考问题。

通常当结构性不确定性初现端倪时，很多人会将之误判为这只是对现有业务的挑战，甚至会单纯地认为，是销售队伍或者一线员工不努力造成的结果。比如，面对连续业绩下滑的情形，企业领导人很可能将其归咎于团队执行不到位或者竞争对手太强劲，很容易忽略了另外一种可能，即这是整个行业及相关生态体系正在发生结构性变化的前兆。就在本书的撰写过程中，三星、IBM、苹果都出现收入或者利润下滑的现象，很多人会认为这是因为经济增长不足、需求消费不足以及企业执行力不到位造成。但是，在这样的情形下，管理层最应该想到的是：也许顾客需求已经变了，结构性不确定性已经出现了。请大家一定要注意，如果不敏感于变化，即便是 IBM、三星、苹果这样的业界巨人，即便其拥有超强的技术人才、坚实的顾客基础以及强大的创新能力，其前景依然是十分堪忧的。

与不确定性共处

事实上，绝大部分人是无法找到结构性不确定性的。对于大多数管理者而言，学会与不确定性共处是首先需要拥有的能力。如果不能识别，则要勇于与它相处，这样才不至于被动。当然，与不确定性相处，同样也不容易。怎么拥有与不确定性相处的能力，管理者需要做出以下四个方面的努力。

第一，**改变自己**。这不是讲口号，而必须是真实的行动。改变自己最需要做的一件事情是什么呢？就是在内部进行自我革命，这个是最重要的。比如管理者常常在企业内部提出“改变自己”的理念，但是当调整一个组织成员的分工时，大家都会紧张；管理者一直说“改变自己”，可是原有的任何结构都不愿意动。2016 年的华为销售收入达到 5200 多亿元，并设定了一个 3 年达到 1000 亿美元的目标。华为能够做到这一点，缘于它所倡导的“自我批判”的文化，即要不断超越自己。这家公司一直用极强的“危机意识”推动自己成长。

第二，**双业务模式**。企业需要驾驭双业务模式，即现有主营业务与新的业务。应对不确定性需要有新业务，所以大部分企业需要转型。有人问我，怎么能够保证转型成功，或者怎么能够保证投资人会持续支持做转型？我认为只能用两个保证：第一，现有主营业务不能因为转型出现下滑；第二，必须全力以赴保证新业务成功。企业一定要有能力做双业务模式，不能用转型做借口，不能因为转型要亏损一段时间就拒绝转型，这个理由不成立，因为资本和市场都不会给你这个机会。仅仅是发展现有业务是不可能让企业面对不确定性的；如果因为发展了新业务，而影响了现有业务，那么企业也无法存活。所以，必须维持现有业务的稳健经营，同时布局新业务，通俗的说法是长期与短期结合。管理者将面对双业务并存带来的巨大压力，但这是对管理者的要求。管理者必须成为驾驭双业务组织的高手，必须能够驾驭长期发展与短期目标之间的动态互动。

第三，**打破平衡**。打破平衡同样从内部开始，其核心是不要担心“出现问题”，不要怕“出现冲突”，有问题就有可能有机会，有冲突就有可能有创新。所有“变”的发生，都可能是一个机会，所以不要怕变化，变化中才会有机会。更重要的是，通过打破平衡，让更多人脱颖而出，发现新人才，进而带来更大创新的可能。企业管理者需要不断打破内部的平衡，不断挑战企业的高度和界限，让企业处在自我改变和动态之中。

第四，**顾客体验**。让企业面对不确定性的核心关键是与顾客在一起。保有对顾客体验的忠诚，能够以顾客体验作为评价标准的企业，才会是一家可持续的企业。然而令人遗憾的是，很多管理者对顾客的知觉和敏感度不够，习惯于企业自己的评价标准。特别是在稳定组织结构系统中，高层管理者离顾客非常远，对顾客需求的理解、对顾客体验的把握以及对新顾客群体，已经有相当远的距离了。这需要引起管理者特别的注意，也需要管理者找到解决方案来增进和强化与顾客之间的关联，使管理者保持对顾客体验的敏感性。

与不确定性共处，需要做到：改变自己、双业务模式、打破平衡、与顾客在一起。在一个不确定性成为常态的环境里，你并不需要焦虑，只要很好地与不确定性相处，把自己做好，所有的变化对你来讲，其实都是机会。

管理者有定力

不确定性对每个人都是一种考验，这需要内心的定力。无论采用什么方式和途径，获得内心的定力的确是非常重要的，因为这直接影响到组织能否管理不确定性。定力来源于四种最重要的心态，它们分别是：积极的心态、归零的心态、开放的心态以及确信的心态。

积极的心态

山东六和集团创始人张唐芝先生说过一句很好的话：“凡事往好处想，往好处做，必有好结果。”这句话给了我很大的帮助，也让我借此可以积极去面对很多挑战和压力。很多时候人们没有解决问题，或者出现很多冲突，其根本原因可能是把事情想复杂了，甚至把人也想坏了。但是如果持有“凡事往好处想，往好处做”的心态，这一切都可以转化。我自己的感受是，对任何要做的事情，单纯去做，结果自然而成。并不是外在环境不提供机会与条件，更大的问题是我们没有单纯去做事情，反而因为困扰无法做成事情，所以问题的关键在于我们自己的心态。在不确定的环境下，对模糊性和风险的承受能力是关键，同时控制风险也是一个基本的要求，所以 Facebook 的创始人说："最大的风险是你根本不去冒险。"是的，这种积极的心态是极为关键的，如果没有积极的心态，很难迎接不确定性。

归零的心态

归零的心态可以帮助人们面向未来。要学会归零，因为纠结于过去，对于将要发生的事情而言，都是没有意义的。每一个未来都需要面对新的挑战，需要新的成功来佐证；每一个未来都会产生新的问题，需要新的解决方案。就我们所学的知识而言，我希望能够运用它们去看未来，而不是用以总结过去。比如，和 EMBA 的同学交流，有些学生学完了课程之后，发现自己很多东西都不懂，这是真学到了。有些学生发现原来老师讲的东西自己都做过，这些同学令人担心，因为他只是在验证自己已经成功的东西。最怕的是第三种情况，学完了之后才发现原来老师讲的都没用，还是自己最厉害。后两种情形，都说明学生没有进行心态归零。第三种学生不仅没有归零的心态，连学习的心态也没有。所以，当听到一些企业家说教授没什么用的时候，虽然我不认同，但是我觉得这里面有一个道理大家要懂：如果我们学的知识都只是为了证明过去的话，这些知识确实没用。要知道，心态归零不仅仅是一种训练，也应该成为一种习惯。

开放的心态

你一定要打开自己，真正、彻底地打开。“打开”这个词是非常有意思的，它是要由内向外推开，不是拉开，因为拉开是从外往里。只有打开才能包容、接纳，才能真正理解这个变化。包容变化，接纳挑战，学习未知，做到这些需要一个开放的心态。包容、接纳也是对自己的要求，包容自己，接纳自己，这样才可以在遇到挑战和冲击的时候，不至于为了保护自己而抵触。所以，具有开放心态的人，才能够包容变化，接纳所有，也因此可以获得成长。

确信的心态

确信的心态很重要，因为这也是一种信仰的力量。信仰就是一种相信的力量，只要你相信，其实你就有了信仰的力量。在中国文化中，有一个很有意思的现象，那就是很难建立陌生人的信任。如果无法建立陌生人的信任，更大范围的合作也就无从谈起，所以一家需要整合资源、持续发展的企业，就必须与陌生人建立关联。很多人之所以认为关系很重要，不是大家想拉关系，很大的原因是不能信任陌生人，必须借助于各种关系来辅助以建立信任。之所以无法建立对陌生人的信任，是由缺少确信的心态所致。在管理中，我们非常需要确信的心态，需要相信的力量，这个力量真的是无穷的。在我自己的成长过程中，有三点极为重要：一是相信梦想与目标的牵引力量，这份力量不受环境变化的影响；二是相信伙伴的团队力量，尤其是要相信自己的上司，这份力量能够集结而成，并陪伴你一直前行，冲破阻碍；三是相信自己的力量，这份力量有着无限的可能，你的能力超乎你的想象。这三点要同时存在，要相信目标、相信团队和上司、相信你自己，拥有这份确信的心态，会带给你无限的可能，所以我特别喜欢泰戈尔对于爱情的一句话：“因为相信，所以看见”。

以上就是获得管理者定力的四种心态，对于面对不确定性而言，是非常重要的。

管理不确定性需要管理者学会识别不确定性，尤其要关注结构性不确定性，正如本书第 1 章中所讲的那样，组织环境的五大新特征已经在多个维度引发结构性不确定性的出现。管理者需要学会与不确定性共处，把不确定性转化为成长的机会，而不是成长的障碍。要做到以上两点，其根本要求是管理者需要有定力，要开放而积极地去拥抱不确定性，要用未知来认知未来，要相信集体智慧，超越自己，即可达成目标。

他们所需要的只是一位精明能干的领袖把他们的力量组织起来，并告诉他们怎样使用自己的力量，那样他们就可成为主人。

——马克·吐温

第4章

激活个体与组织赋能

INSPIRE THE ORGANIZATION

在《激活个体》一书中，我强调只有激活个体，组织才有可能具有创造力。**一个组织的创新能力，依赖于组织成员的创造力发挥，所以激活个体成为组织管理新范式的核心**。从个体的视角看，对于激活个体而言，组织需要具有新属性（这些新属性包括平台性、开放性、协同性和幸福感）。组织以员工为核心构建一个共同的价值共享系统，为个体实现价值创造提供机会与条件。

环境变化与企业面对的挑战告诉管理者，企业除了需要具有创新能力之外，还需要具有驾驭不确定性的能力，即需要有持续与环境互动的能力。在不确定性成为常态的当下，驾驭不确定性成为组织管理的核心挑战，在这样的环境下，每一家企业都需要因应环境变化做出快速反应，动态构建持续竞争力。所以，**组织管理在激活个体的基础上，还需要具有驾驭不确定性的能力，这就需要回答如何构建管理新范式中“价值共享系统”的问题，需要从管理运行的逻辑、分工法则、协作体系、柔性化程度几个方面做出根本性的改变，其核心是组织转**

换自己的管理功能，从管控转向赋能。因此，激活组织，打造价值共享系统，为个体赋能，成为组织管理的新内涵。

效率来自协同而非分工

自从泰勒的《科学管理原理》面市，管理成为科学并被广泛运用到企业及各个领域，由此而演变发展的组织管理理论，也沿着分工这条脉络延展开来。为了不断获得更高的管理效率，分工的效能也被不断强化，用分工所获得的相对稳定的责任体系进而又推进了绩效的获得，分工成为主要的组织管理方法。但是，互联网技术的出现，以及更加巨大的变革与冲突，导致不确定性增加，人们越来越觉得无法获得“稳态”。“颠覆性创新概念”几乎每一天都在发生，在这一系列颠覆与被颠覆中，新的可能不断呈现，企业已经不能够仅从行业或者企业自身的视角来理解环境，而需要理解创造本身的特性以引导自己的战略。2016 年的英国公投，其结果是“脱欧派”成功；2016 年的美国大选落幕，其结果是特朗普胜选，这两个结果颠覆了大部分人的判断，引发了人们广泛的思考和争论。一个不争的事实是，一切都在重构之中：认知重构，价值重构，思维重构。这些重构无疑需要一个更加广泛的视野、更加互动的关联以及更加开放的格局，这更类似于一个“生态系统”的逻辑：复杂、多元、自组织以及演进与共生。所以，我们会看到一种与之前都完全不一样的情形出现，那就是**管理的效率不仅来自分工，更来自协同，**因而要求组织具备一些新能力：“强链接”能力、构建柔性价值网能力以及形成共生逻辑能力。

组织的“强链接”

在组织系统中，技术带来的互联互通所生成的最大影响是，组织生存在一个无限“链接”的空间中。在无限链接的空间中，企业内部必须是开放的、社区化的组织形态，而在企业外部则表现为以顾客为核心的相互链接的价值共同体，其基本特性是：企业内部多元分工，顾客与企业之间多向互动；在价值网里，每一家企业的角色都随着消费需求而变，并在不同的价值网里扮演多样化的角色；在价值网里，各角色之间是“超链接”和松散耦合的关系，已经不再是管控与命令式的关系。

在以互联网技术为特点的商业环境下，随着网状协同运作逻辑的持续演绎与扩散，企业的商业模式、组织模式，企业间的协同模式，企业与顾客之间的协同模式，以及个人的工作和生活又将产生什么改变呢？正如前面所言，任何行业都将被重新定义，大家所熟悉的商业模式及管理模式也将被重新定义，这意味着，**组织从一个线性、确定的世界，走向一个非线性、不确定的世界，**柔性化将是以互联网技术为特点的商业时代最突出的特质。人们不再满足于获得产品，不再满足于原有的供应链模式，相反，人们需要介入到产品设计、生产甚至交付的全过程中，以销定产，C2B 模式会成为满足人们需求的一种趋势；产业价值链的模式，也会从线性、固化的供应链，向柔性的协同价值共同体不断演化，这一切都要求组织具有一种新的适应能力——“强链接”能力。

面向消费者，真正实现以消费者为中心，提供个性化的产品和服务，是很多企业长久以来的梦想。今天，因为大数据以及 IT 技术，使得梦想实现的基础条件已经具备。2016 年，阿里巴巴“双 11”的数据变化，让人们再一次看到企业与顾客之间“强链接”以及组织柔性的魅力。2016 年“双 11”的记录为：实现销售额 10 亿元只用了 52 秒；实现销售额 100 亿元，只用了 6 分 58 秒；实现销售额 500 亿元，只用了 2 小时 30 分；实现销售额 1000 亿元，只用了 15 小时 19 分，覆盖了 224 个国家与地区。这些快速迭代的数字，已经不再仅仅是在谈论销售额过千亿的规模，而是让人们认知到消费者的力量。企业与顾客之间，如果找不到一个合适的交互途径，顾客完全可以重新定义企业，重新定义行业。在淘宝、苹果 AppStore、Facebook 社交网络等云平台上，消费者已经是积极能动、有能力、有判断、有选择的“链接”价值共创者，他们的需求不断地被激发出来，他们的参与能力也不断地被释放出来。面对这样的消费群体，企业需要足够的“强链接”能力，方可与其共处。

柔性价值网

一直以来，如何提高供应效率，如何让供应与消费者之间形成契合，真正发挥供应链的价值并让消费者感知到，是工业时代最具挑战性的一个话题。在我所做的长达 20 年的对中国领先企业的研究过程中，协同供应以快速响应市场和顾客，是一家企业保持领先的根本能力之一。如何获得供应链效率，是很多企业管理者不断探索的方向；形成高效的供应价值网络成为人们的共识。最近几年来，供应链管理让位于价值网协同的共识，促使人们寻找实现这一共识的途径。云计算和大数据的出现，让这一共识有了实现的可能。数据的共享、交换，极大地提高了消费者之间、消费者与企业之间，以及企业之间的协作效率。新希望六和基于互联网技术搭建的“猪福达”平台，吸引了超过40万个养殖户，这使得每一个养殖户与消费者、新希望六和之间达成高效的价值网络，从而保证养殖过程可控，并与行业、市场做出有效的互动，进而提高养殖户的价值回报。

不久的将来，单向、僵化的供应链，将不再是企业间主要的发展模式，而灵活动态的价值网络协同模式将变得越来越普遍并产生良好的成效。这有点像体育运动队的模式，为了迎战奥运会，组建国家队参赛，围绕着这一目标，聚结最好的选手、教练、队医、设备及其他必要的构成要素。一个强大的国家队，一定是各种强大要素的组合，进而形成一个强大的价值网络，以确保在奥运赛上取得成功。奥运结束后，比赛队伍将解散。这种动态的价值协同模式，其典型场景是：以一个任务、项目或订单为中心，快速涌现和聚合一批能够协同工作的企业或个人；每个角色都类似于各有专长的特种兵，任务完成后，参与者迅速消退，临时性的“柔性共同体”自动解散。按照这个模式，企业完全可以以消费者为中心，快速组合有效的价值协同者，让不同要素在一个共同目标下工作，并完成这一目标。一旦消费者的新需求出现，同样可以围绕这一新需求，构建一个新价值网，由新价值协同者提供新价值，这就是构建柔性价值网。

柔性价值网能够不断聚合出很多新的商业角色，帮助企业与消费者双方围绕个性化需求，进行实时沟通与匹配，使得网状协作更具灵活性。比如猪八戒网，自身是B（business，企业）和C（customer，客户）之间的中介，典型的产销合一者；大大小小的服务商出现在上面，可以让卖家专注于自己擅长的领域，其他则交由专业的服务商完成。再如中国九大快递公司针对天猫平台定制多项专属服务，开通超过 5000 多条城市间线路的“次日达”与“1～3 日限时达”服务，未来还将开通快捷货到付款、晚间配送、预约时间、上门退换货、消费者自提等服务。正是这些协同价值网的出现，使得为顾客创造新价值的商业模式具有强大的魅力。

共生逻辑

正如前面对经营环境所做的判断那样，无论是竞争对手，还是行业边界，都已经变得越来越模糊。企业需要拥有一种能力，连接上下游的合作伙伴，连接相关产业的合作伙伴，还需要和其他产业、资本、顾客组合在一个共同生长的网络中，这由“共生逻辑”统和而成。微信是一个好的例子，它所构建的共生逻辑，连接了相关与不相关的合作伙伴，连接了一个又一个个体，让全新的生活以及共生的意义被创造出来。商业模式创新已经是今天企业应对变化的基本选择，而创新商业模式的核心是构建共生逻辑，以达成价值共生，共同生长。所以，无论企业目前处在什么阶段、什么位置，形成共生逻辑都是一个必要的选择。共生逻辑与价值链（产业链）之间的根本区别是，前者注重共同成长设计，后者注重价值分配。在一个重新定义价值的环境下，分配价值的可能性将变得越来越少；只有成长才会创造价值，也才有可能带来价值共享。

伊丽莎白·拉威尔在其《利用群体智慧》一文中说：“无论公司是否喜欢这一点，它们都是一个生态系统的一部分。除非公司承认自己与其他‘物种’——包括顾客、供应商、合作伙伴、NGO、创业公司、大学以及学术机构——是互相依存的，否则将越来越难以存活。”企业需要获取整体的力量，需要能够集合更多人的智慧，有人称其为“受启发的个人结成的网络”。处在这样一个时代，企业要整合这一切，无疑需要开放、整合创新的组织管理系统，这一系统使企业更加柔性，并可与环境做出协同，使企业能够组合到新的成本结构、不同的价值创造并拥有足够的灵活性。有人问我，什么样的企业在今天以及今后可以存续下去，我想就是上述这样的企业，即把合作能力整合到管理之中的企业。

激励价值创造而非考核绩效

2016 年 12 月 29 日与华为创始人任正非交流对话的内容引发了广泛的关注，交流从姚老师谈他一个朋友新进入一家跨国企业——华为谈起。姚老师的这位朋友是一位技术专家，他觉得最开心的是，华为对他没有进行硬性的考核，而是让他安心研究。姚老师关注地问道：这样的管理方式，是否会得不到研发结果？

做出来的是天才，做不出来的是人才

任正非说，在华为，研发创新做出来的是天才，做不出来的是人才。华为的容错率是很高的，它放手让大家去做，在研究上允许大家犯错误，给予研究人员时间和空间安心去做。假设一个新研究项目能够做出来，那华为就获得了天才；假设一个新研究项目做不出来，华

为就得到了人才。因为能够成功的项目非常少，所以做出来的就是天才。而项目失败的研究人员，经历过失败，知道失败的滋味，同时努力过、奋斗过，所以一定可以更好地总结过去，不重复犯错误，继续前进，这正是公司所要得到的人才。科研本来就是试错的过程，没有试错，哪会有创新？创新本来就是不容易的事情，如果每次创新都会成功，那也就不是创新了。所以，能够创新成功的项目本身就少之又少，研究人员一旦成功也就可以称为天才了。我们鼓励创新，就要接纳创新失败，如果一旦失败或者犯错，就淘汰并给其贴上标签，那么就不会有人敢去创新。华为会包容创新上的失败，不会因为失败而否定大家。

如果宽容失败，是否在创新上的尝试太过发散呢？任先生回答说不会。华为是一家有战略耐心的公司，所有的创新和尝试，都是在主航道上做出的选择，由战略做出界定。所有创新项目的选择，已经通过战略做出筛选。任先生将张开的双手慢慢收拢，做一个形象的比喻就是把所有的信息广泛纳入到战略框架下，然后筛选出与战略相适应的项目。这些筛选出来的项目才会进入公司创新项目集群中，组合各种资源付诸实施。

这个过程可以用两组数据来说明。据了解，华为 2016 年研发投入 120 亿美元，其中 30 亿美元用于研究创新，涉及 2 万人，这是一个金钱变知识的过程，即把广泛的信息最终变成与华为公司战略相匹配的知识。其中用于确定性开发 90 亿美元，涉及 6 万人，这是一个知识变金钱的过程，即把与战略相关的知识转化为华为的技术与产品，让华为具有持续的市场竞争力和战略上的领先能力。

华为认为，做产品不能投机，必须目光长远，投资一些不能立竿见影的项目，但是也不能漫无目的地投资。例如，华为在2008年就决定投资做一枚芯片（通过华为资料了解到），当时一位高管对团队说："可能在我的任期内，大家是见不着这枚芯片上市了，但是为了长期竞争力还是要投资。果真，到了2011年年底这枚芯片才研发出来。"

很多企业无法解决短期与长期发展的平衡问题，任正非的"金钱变知识，知识变金钱"的逻辑，可以给大家更好的启发。发展企业一定要有战略耐心，拒绝机会主义，一定要有长期的投入，不要只关注眼前的竞争。要做到这一点，则需要企业内部形成一种战略共识、长期观念以及价值创造的逻辑。如果企业仅仅考核当期绩效，则很难获得持续的创造力。

人人都是自己的CEO

"有尊严地放手吧！"这是《失控》这本书给予我最大帮助的一句话。很多时候，我们无法放弃过去的经验和认知，总是认为已经具有的能力是一种核心能力，这本书无疑从一个全新的角度，让我们好好地认知自己与改变的环境。这本约20年前出版的书，在今天互联网行业中得到了出人意料的热烈响应，很大程度上是因为这本书给出了一种暗示：不必困惑于互联网带来的复杂格局，自然界的很多生态系统同样没有自上而下的管理体系，同样可以实现秩序。

2004年，哈佛商学院企业专家马克·英西蒂和罗伊·莱维恩经过10多年的跟踪研究，合著出版了《关键优势：新型商业生态系统对战略、创新和持续性意味着什么》一书，指出同自然界的生态系统一样，商业界也存在着自己独特的生态系统。该思想对企业营销创新进一步产生了积极的刺激作用。

生物学对“共生”的概念是这样描述的：共生是生物在长期进化过程中，逐渐与其他生物走向联合，共同适应复杂多变环境的一种生物与生物之间的相互关系。共生，既具有组织过程的一般特征，又具有共生过程的独特性。它不是共生单元之间的相互排斥，而是相互激励中共同合作进化。这种合作进化不仅可能产生新的单元形态，而且可能产生共生能量和新的物质结构，表现为共生个体或共生组织的生存能力和增殖能力的提高，体现共生关系的协同作用和创新活动。但是共生不排斥竞争，它不是自身性质和状态的摒弃，而是通过合作性竞争实现单元之间的相互合作和相互促进。这种竞争是通过共生单元之间功能的重新分工定位与合作实现的。这段阐述，不仅概括了共生作为一种生物现象的本质特征，也对在人类社会生活中解读共生现象，指导共生行为，提供了标准和指针。

日本的稻盛和夫运用阿米巴经营模式，创造了经营上的神话；美国全食超市的发展也给出例证；中国海尔“人人是创客”的组织变革实践，把 6 万多名员工转变为自动自发的 2000 多个自主经营体，并使每一个经营体就像一家自主经营的公司，让每个人变成自己的 CEO。这些领先企业的实践表明，今天企业的发展需要遵循“共生”的逻辑，而其带来的核心变化，就是独立个体的价值创造。

价值创造在组织管理中是根本性的追求。组织管理的核心命题是：价值创造、价值评价、价值分配。在大部分的组织管理中，人们之所以关注绩效考核，是缘于把绩效考核等同于价值创造。在无法界定个人价值或者组织价值大于个人价值时，绩效考核无疑是一种有效的管理方式。但是同样需要关注的是，绩效并不等同于价值创造，有时候，绩效考核恰恰是扼杀价值创造的手段。当人们习惯于绩效考核时，往往会满足于静态的工作，满足于完成指标，不会主动与顾客关联，这使得注意力转向了内部而不是外部；更可怕的是，绩效考核会使员工养成满足现状的习惯，没有创新和冒险精神，不愿意做出超值贡献，形成一种非增长型的组织思维惯性。也许是在这个意义上，一些企业提出去 KPI，是有道理的。记住，重要的不是绩效考核，重要的是价值创造。

新 文 化

自从文化被发现对各种组织的过程能产生影响这一事实之后，管理者很想知道文化在何种条件下可以成为持续竞争优势的一个来源。为了让组织文化提供持续的竞争优势，巴尼提出了三个条件：第一，文化必须有价值，其必须能够使一家企业所做的事情带来高的销售收入、低成本以及高的边际收益，或者让企业以其他方式增加财务价值，因为财务绩效是一个经济概念，为了产生绩效，文化必须要有积极的经济效果；第二，文化必须是稀有的，其必须有与其他大多数组织不同寻常的特点；第三，这种文化还必须是难以模仿的，没有这种文化的企业无法进行那些可以改变其文化并使其成为该文化的活动，如果它们试图模仿这些文化，相对它们试图模仿的企业而言，将会有许多不利（声誉、经历等）。企业文化的本质是行为习惯而非概念，当文化从理念转化为行动时，文化才能奏效。

作为文化的核心，价值观应当满足上述所有要求并成为一种核心竞争力。无疑，价值观本身非常重要，这是很多企业都在模仿成功企业来构建价值观的原因。但事实上，很多公司误解了这些成功公司的秘密，并且高估了价值观本身的功能，甚至一部分管理者相信价值观可以自动转化为生产力。从表面上看，很多中国企业都有伟大的价值观，但这些企业中仅有少数是成功的。以三鹿集团为例，它因为三聚氰胺奶粉事件而迅速破产，然而，其宗旨却是为了大众的营养健康而不懈进取，其核心价值观是“诚信、和谐、创新、责任”。很明显，三鹿集团的高绩效，更多的是因为不充分的竞争以及中国市场的巨大增长，而不是因为三鹿自身的实力。因此，价值观是否能够产生绩效不仅取决于价值观本身，更取决于价值观的管理。事实上，是价值观的管理而不是价值观本身令竞争对手难以模仿，且构成了组织真正的竞争优势。这个逻辑正如一句格言所说的：每个人都知道成功的方法，但只有少数人能真正去做。

价值观驱动

在持续研究中国领先企业的过程中，有两家用价值观驱动的企业让我印象深刻：一家是阿里巴巴，另一家是华为。

闻味官

阿里巴巴从 2003 年开始采用了一种新的方法来进行价值观管理，这一方法被称作价值观考核。它与那些仅仅聚焦于关键业绩指标的一般公司的考核体制非常不同。图 4-1 中两个基本的考核维度分成了四个象限：一个维度是传统的业绩因素，另一个是创新的价值观因素。一个有高业绩的人在一般的企业里会有很好的评价，但是，在阿里巴巴还不够，如果其价值观得分是低的，则他不会是一个能够胜任工作的人，从而会落在第一象限，这类员工被比喻为“野狗”。相反，有的人可能在价值观上获得高分，但如果不能取得高的业绩也不合格，会被称作“小白兔”，落在第三象限中。只有第二象限的员工是被鼓励的，被称作“阿里人”，其价值观得分和业绩都很高，因此，落在第一象限和第三象限的人应当自我调整以成为“阿里人”。当然，没有公司会要第四象限中的价值观和业绩都低的人。马云欣赏中国的太极哲学，其由阴阳两面构成，阿里巴巴考核机制的原理正是基于这种哲学，如同马云所讲的，价值观的功能就像道德相对于法律的作用一样。

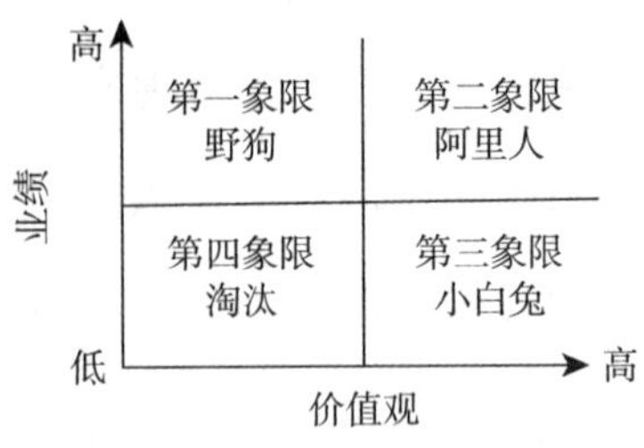

图 4-1　阿里巴巴考核模型

阿里巴巴价值观考核的内容和方法，如表 4-1 所示。考核的核心价值观被称作“六脉神剑”，由分别包含五个项目的六大方面构成。考核的方法是“通关制”，对于每一个由五个项目构成的方面，如果一个人的第一个项目没有做到，那么即便他的其他项目都做到了，也没有任何作用。以客户第一为例，第一个项目是“尊重他人”，这是一个基本的项目，最后一个项目是“具有超前服务意识，防患于未然”，一个人可能由于天资聪明以及具备交易技巧能够在这一点上表

表 4-1　阿里巴巴的核心价值观指标

六脉神剑		项目	
理念	解释	描述	分值
客户第一	客户是衣食父母	尊重他人，随时随地维护阿里巴巴形象	1
		微笑面对投诉和受到的委屈，积极主动地在工作中为客户解决问题	2
		与客户交流过程中，即使不是自己的责任，也不推诿	3
		站在客户的立场思考问题，在坚持原则的基础上，最终达到客户和公司都满意	4
		具有超前服务意识，防患于未然	5
团队合作	共享共担，以小我完成大我	积极融入团队，乐于接受同事的帮助，配合团队完成工作	1
		决策前积极发表建设性意见，充分参与团队讨论；决策后，无论个人是否有异议，必须从言行上完全予以支持	2
		积极主动分享业务知识和经验；主动给予同事必要的帮助；善于利用团队的力量解决问题和困难	3
		善于和不同类型的同事合作，不将个人喜好带入工作，充分体现“对事不对人”的原则	4
		有主人翁意识，积极正面地影响团队，改善团队士气和氛围	5
拥抱变化	突破自我，迎接变化	适应公司的日常变化，不抱怨	1
		面对变化，理性对待，充分沟通，诚意配合	2
		对变化产生的困难和挫折，能自我调整，并正面影响和带动同事	3
		在工作中有前瞻意识，建立新方法、新思路	4
		创造变化，并带来绩效突破性的提高	5
诚信	诚实正直，信守承诺	诚实正直，表里如一	1
		通过正确的渠道和流程，准确表达自己的观点；表达批评意见的同时能提出相应建议，直言有讳	2
		不传播未经证实的消息，不背后不负责任地议论事和人，并能正面引导，对于任何意见和反馈“有则改之，无则加勉”	3
		勇于承认错误，敢于承担责任，并及时改正	4
		对损害公司利益的不诚信行为，正确有效地制止	5
激情	永不言弃，乐观向上	喜欢自己的工作，认同阿里巴巴的企业文化	1
		热爱阿里巴巴，顾全大局，不计较个人得失	2
		以积极乐观的心态面对日常工作，碰到困难和挫折的时候永不放弃，不断自我激励，努力提升业绩	3
		始终以乐观主义的精神和必胜的信念，影响并带动同事和团队	4
		不断设定更高的目标，今天的最好表现是明天的最低要求	5
敬业	用专业的态度和平常的心态做非凡的事情	今天的事不推到明天，上班时间只做与工作有关的事情	1
		遵循必要的工作流程，没有因工作失职而造成的重复错误	2
		持续学习，自我完善，做事情充分体现以结果为导向	3
		能根据轻重缓急来正确安排工作优先级，做正确的事	4
		遵循但不拘泥于工作流程，化繁为简，用较小的投入获得较大的工作成果	5

现很好，但是，如果他非常傲慢并且不会尊重别人，那么他在这一方面的得分仍然是零分。采用“通关制”的原因是由各个项目的递进逻辑决定的，以第五个方面“激情”为例，第一个项目是热爱工作，很难想象一个对工作没有热爱的人可以持续做得很好；第四项是“始终以乐观主义的精神和必胜的信念，影响并带动同事和团队”，如果一个人不能对其工作表现出激情和热爱，做到这一项也是不可能的。

具体而言，考核周期及程序为：每季度考评一次，其中价值观考核部分占员工综合考评分的 50%；员工先按照 30 条价值考核细则进行自评，再由部门主管进行评价；部门主管将员工自评分与被评分进行对照，与员工进行绩效面谈，肯定好的工作表现，指出不足，指明改进方向。考核说明有 5 点：员工自评或主管考评必须以事实为依据，说明具体的实例；如果不能达到 1 分的标准，允许以 0 分表示；只有达到较低分数的标准之后，才能得到更高的分数，必须对价值观表达从低到高逐项判断；小数点后可以出现 0.5 分；如果被评估员工某项分数为 0 分、0.5 分或者达到 4 分（含）以上，经理必须注明事由。每个方面的总分是 5 分，及格线为 3 分，评分结果有四个等级：27～30 分为优秀，23～26 分为良好，19～22 分为合格，0～18 分为不合格。对于价值观评分的结果，其得分在合格及以上等级者，不影响综合评分数，但要指出价值观改进方向；价值观得分为不合格者，无资格参与绩效评定，奖金全额扣除，任意一项价值观得分在 1 分以下，无资格参与绩效评定，奖金全额扣除。

闻味官是阿里巴巴的创新设计，用来考察求职者的价值观并选择与阿里巴巴价值观相匹配的新员工。如阿里巴巴的两个考核维度所示，尽管阿里巴巴需要那些有能力胜任各种工作的人才，但是在选择测试中能力也仅仅是一种必要但不是决定的因素。2009 年，阿里巴巴在成立 10 周年之际，在全国展开了一次大规模的招聘。这次招聘的不同之处在于闻味官的涉入并且在面试过程中权力巨大。

闻味官通常是在阿里巴巴工作超过 5 年并且深知深信阿里巴巴价值观的资深员工，这些官员负责通过仔细观察应聘者的言行来嗅出应聘者的价值观，并且根据他们的经验来选出那些价值观与阿里巴巴最为相符的应聘者。例如，阿里巴巴是一家非常强调梦想和使命的公司，因此，当面试人员不厌其烦地告诉求职者阿里巴巴的价值观时，闻味官会观察求职者的表情、态度以及行为，那些表现出较低的兴趣并且聚焦于工作收入的求职者将毫无疑问地被淘汰。此外，阿里巴巴也是一家鼓励合作的公司，并且是一家将组织目标看得比个人利益更加重要的公司，因此，闻味官可能去闻求职者的自我感觉。很多求职者会因为太以自我为中心而不能被选中，而有些求职者声称他们非常热爱阿里巴巴，但他们无法具体说出热爱哪一方面，这些人也同样会被淘汰，因为他们不诚信，这与阿里巴巴的核心价值观是相违背的。总之，不论求职者是否有很强的能力，在招聘过程中闻味官拥有一票否决权。闻味官的面试已经成为阿里巴巴价值观考核的重要方面。

危机意识

“华为没有成功，只是在成长”，这是任正非对华为发展的自我评估；随意地翻看任正非文笔间记录的华为成长过程，即使没有听过他在华为的各类讲话，都会深深觉得，他和比尔·盖茨一样，常常居安思危。比尔·盖茨的“微软距离破产永远只有18个月”，成就着大公司“大而不倒”的神话。不安全感，是一种意识，更是大公司领导者积聚能量的内心动力——危机感常在，最终会让公司这个机体保持对外刺激的敏感性，保持一种警惕和临界状态，然后才有可能保持人们常常寄望于大公司所应该具有的“活力”。

关于华为，很难从任何一个角度看到任正非充满信心的一面，他始终不敢掉以轻心，始终在提防任何可能的风险和潜在的对手。任正非认为，无论发展怎样，至少有三个问题是始终不能回避的：第一，不能相信自己无所不能。即使华为在集聚人才、资本、技术，但是是否可以持续掌控行业发展的脉络，是否能维持强大的盈利能力，都不可预见。第二，市场只靠纵向产品是不够的。整体通信领域一直遵循着纵向产业模式向横向转换的趋势，也就是说只提供纵向产业模式中的产品已经不能获取更多的市场，只有扩大该产品的横向市场能力才能继续创造新的利润体系，所以，华为手机、华为体验店都是华为转型和创新阶段的举措。第三，高利润和模块化产品可能带来困境。在通信制造业领域里，一个足够长的产品线中往往潜伏着无数的敌人和对手，创新规则、行业变迁、竞争重点随时都可能让利润点转移，华为是否做了足够的准备。

任正非说：“10年来，我天天思考的都是失败，对成功视而不见，也没有什么荣誉感、自豪感，有的只是危机感。也许是这样，华为才存活了10年。我们大家要一起来想怎样才能活下去，也许才能存活得久一些。失败这一天是一定会到来的，大家要准备迎接，这是我从不动摇的看法，这是历史规律。”

任正非是一个敢于自我否定并把自我否定作为一种领导者关键气质的人。2001 年是华为飞速发展的一年，外界称那段时期是华为的春天。但在春天里，他在内部会议上提出华为要为过冬做准备，这曾被 IT 企业称为行业的盛世危言。也正是在他的倡导下，华为人始终没有放松学习。2010 年，当华为已经成为全球通信行业的领先者时，他又提醒华为管理者“让听到炮火的人做出决策”，全力打造企业的管理转型。2012 年新年时，他再一次创造性地设计了“轮值 CEO 制”，带领这家已经站在行业高端的企业进行全面的组织转型。任正非的每一次报告和发言，华为的每一次转型和成长，都会也引发人们内心的巨大触动，从这些文章里我们感受到的是他始终如一地善于发展自己和他人，并引导组织不断学习的态度。面对跨国公司，任正非并没有将它们看成简单而可怕的竞争对手，认为它们是老师，也是榜样：“它们让我们在自己的家门口遇到了国际竞争对手，知道了什么才是世界先进。它们的营销方法、职业修养、商业道德，都给了我们启发。我们是在竞争中学会了竞争的规则，在竞争中学会了如何赢得竞争。科学的入口也是地狱的入口处，进去的人才能真正体会到。基础研究的痛苦是成功了没人理解，甚至被曲解、被误解。像“穷死”的凡·高一样，死后，他的一幅画能卖到几千万美元。当我看到贝尔实验室密如蛛网，混乱不堪，不由得对这些勇士肃然起敬。华为不知是否会产生这样的勇士？我们常常说到安全感对于每个人来说有多重要，但对于一家大公司来说，最好的状态可能恰恰相反：没有安全感才是内心得以自我强大的好事。”

无论是阿里巴巴，还是华为，这两家企业都非常注重组织成员价值观上的共识，并不断用价值观驱动组织的成长，尤其是组织成员的成长。

全球思维

企业如何去寻找成长空间，是每个经营者都必须清楚的问题，答案似乎是不言而喻的：企业应该在产业机会和市场机会的生长演变中寻找成长空间。而今天的产业机会和市场机会都在全球市场背景之下，中国企业对于全球市场、产业、金融、政策、商业机会和危机控制等因素是否敏感？对经营环境的变化也是否敏感？这些问题如今显得尤为重要。如果你的企业思维空间相对狭窄，思维空间延伸不够，大量产业机会和市场机会就无法被纳入你的视野中，再大的产业和市场空间都会与你无关。这种现象很容易让人联想到德鲁克关于企业成长的一种说法：一个组织只能在其价值观内成长，企业的成长受它所能达到的价值观的限制。所以，企业新文化的基本特征是企业要具备全球思维的能力。全球思维的能力包括四个方面的内涵。

全球思维之系统性

企业战略的制定需要综合分析企业内外部环境，把企业放到历史和现实的时空中进行综合考虑，需要企业的资源、能力、专长与外部环境相互匹配。同时，为了实现企业战略，企业对内部资源以及专长与非专长的配置也应当从总体上考虑，注重总体最优。此外，从系统论的结构功能原则上看，结构和要素的匹配是辩证组合关系，因此对于企业实际操作来讲，找到企业成功的诸多要素是一回事儿，而要获得这些要素的合理组合方式，使成功成为现实，则是另外一回事儿。系统思维还表明，企业发展是一个动态、不断发展的过程：一方面，企业战略内涵需要不断深化、丰富；另一方面，战略视野也需要不断拓宽，唯有把自己放在全球时空之中的企业，才有机会找到自己的位置，才能不断贡献价值，进而才能得到发展的机会。

全球思维之创造性

德鲁克在其著作《创新与企业家精神》一书中，如此阐述了他对于创新的认识："创新"是一个经济或者社会术语，而非科技术语。我们可以用萨伊定义企业家精神的方式来对它下一个定义，即创新就是改变资源的产出。或者，我们可以按照现代经济学家的习惯，用需求术语而非供给术语对它加以定义，即创新就是通过改变产品和服务，为客户提供价值与满意度。德鲁克认为，成功的企业家不会坐等"缪斯垂青"并赐予他们一个"好主意"；相反，他们努力实干。总而言之，他们不求惊天动地，诸如，他们的创新将掀起一场产业革命或者创造一笔"亿万资产的生意"，或一夜之间成为巨富。有这种夸张而空泛、急于求成想法的企业家几乎注定要失败，他们几乎注定会干错事、走错路。一个看似伟大的创新，结果可能除了技术精湛以外什么也不是，而一个普通的创新，例如麦当劳所做的创新活动，反而演变成惊人且获利颇丰的事业。因此，创造性就是指将一种"物质"转换成一种"资源"，就是将现有的资源结合在一种新型的、更具生产力的结构里。企业战略能否得到执行，最简单的评估标准就是判断企业是否有相应的资源投入。因为在现实中，任何企业拥有的资源都是有限的，对于企业家而言，一项重要的挑战就是如何把稀缺的资源应用到那些真正符合企业长期战略目标方面。比如华为的技术研发资源，掌握着多项专利。在众多中国企业都在抱怨自己缺乏研发能力、不得不陷入价格战的泥潭时，有谁舍得并敢将10%的收入投于研发、培养高水平的研发人员？华为就是这样敢为人所不为，并坚持到最后。"从每年收入中至少拿出10%投入到技术研发中"作为企业发展的根本章程，被写入《华为基本法》里。在这种指导思想下，华为成为行业先锋也就不足为奇了，因为华为具有了创造性的能力和条件。

全球思维之打破边界

在企业边界理论探讨中，传统企业生存和发展取决于成本之间的比较，也就是企业边界由成本决定。因此，绝大部分企业从规模上寻求突破，且获得了非常明显效果。通常来讲，企业外部边界是企业与供应商、顾客、政府管理机构及社区等外部环境的隔膜，这些隔膜在传统组织中往往泾渭分明，使得一些组织与外部环境之间形成一种内外有别的关系。企业借助隔膜最大限度地保护自己，讨价还价、施加压力、隐瞒信息、互相厮杀等成了必不可少的手段。泾渭分明、消极防御的外部边界造成了企业的高交易成本，阻碍了企业自身的发展。根据热力学的第一定律，孤立、封闭的系统，最后都要趋于热平衡，迟早会"死亡"，而耗散结构理论解释，系统在与外界环境交换的过程中可以保持“活的”结构。企业持续存在必须具备的前提条件是：充分开放，与外界充分交流能量、物质和信息，因而今天企业边界是有机的、活性的，除隔绝有害的成分以外，它必须是开放的、可穿透的。由此推论，企业外部边界的高可渗透性是企业获得持续发展、不断创新、适应环境的标志。

全球思维之价值追求

施乐公司的前身哈罗伊德公司创造了一种全新的方式获得了新成长机会。因为购买一台复印机需要 4000 美元，所以很多企业无法为此做出投入，此时哈罗伊德公司决定不直接销售复印机，而销售复印机所产生出来的复印件；每一张复印件只需要 5～10 美分，5～10 美分复印费属于办公的“小额备用金”，秘书可以自行支配而无须申请，就是这个商业模式帮助哈罗伊德公司获得了新成长契机。这种对顾客价值的明确理解，并创造性地实现顾客价值正是全球思维的内涵。具有追求顾客价值思维的企业领导者，才能真正了解企业应该采取的经营策略，才会获得成长。就是因为洞悉了顾客所需要的价值，小小的哈罗伊德公司在 10 年间就成为资产达数十亿美元的施乐公司，并且获得了空前的利润。施乐公司保持了哈罗伊德公司追求顾客价值的传统，2016 年位列世界 500 强第 150 位。企业领导者要基于顾客的角度来思考问题，不断地询问“顾客真正想购买的是什么”。当企业能够考虑顾客的需求、顾客需要的效用、顾客所看重的价值和所面对的现实情况时，企业战略几乎就成功了。引用德鲁克的一句话：“所谓创新，就是市场或社会的一项变化。它能为用户带来更大的收益、为社会带来更强的财富创造能力，以及更高的价值和更强烈的满足感。检验创新的标准永远是：它为用户做了什么。”

理念与习惯

经济发展是一个文化过程，短期的经济行为可以用经济逻辑来解释。长期的经济行为，一定会用文化逻辑来解释。一个人、一家企业也是如此，这也是需要特别关注理念的缘由。文化决定思维方式，思维方式决定人们的行为选择。以食品为例，誉满美国的首席名厨朱莉娅·查尔德因为早期不满美国人的饮食毫无文化可言，于是推行讲究的法式烹饪而深得民心；想不到美国快餐在 20 世纪 80 年代来到中国时，却成为一股潮流，很多中小学生都喜欢麦当劳和肯德基。为什么这一代年轻人这样喜欢美国的快餐食品？这和他们的思维方式有很大的关系，孩子接受的是“快速”和“便捷”的理念，他们的行为选择以是否符合这些理念作为基准，他们不再细嚼慢咽，不再喜欢中餐的搭配和讲究，反而喜欢这些新潮的“快餐”。在他们看来，这一切都是全新的，是对过去的一种全新的变革，这正是他们所追求的。

经历了改革开放 40 年的发展之后，特别是全球化市场格局洗礼之后，中国企业所赖以成功的因素需要做出调整，更多的企业认识到，提升产品素质，改善员工关系和回馈股东，减少对资源的依赖，以及保护环境是必须做出的努力。企业已经觉察到，如果不大幅度改变经营战略以提升产品的文化内涵，想持续获得竞争优势是不可能的事情。许多企业之所以停滞不前，就是因为还在依赖原有的竞争优势来源，无法提升自己，无法找到今天发展所需要的新动力，究其背后的原因，还是狭窄的视野使得它们缺乏更高层次的目标。

要启发企业领导者迈向更高的目标，就需要有来自其内心价值驱动的力量，这种力量能够维系人们坚持和战胜挑战。正如星巴克总裁舒尔茨在其自传中所说："星巴克尊重传承，从历史之中寻找力量，又不忘心系遥远的过去。这就是星巴克的过人之处，这使得它不仅仅是一家快速成长的公司或是一时的风尚而已。它之所以能够维持下去，力量来自其哲学。"

企业文化学的奠基人劳伦斯·米勒预言："最终的竞争优势在于一家企业的学习能力以及将其迅速转化为行动的能力。"当企业拥有这样的能力时，意味着企业拥有拥抱未来的能力。我在《从理念到行为习惯》一书中阐述过新理念的四个核心内容：归零超越、开放学习、尊重价值、拥抱未来，这四个核心内容是新理念的具体体现，企业需要开启全新理念来应对变化的环境，以此理念来锻造员工的行为习惯。唯有这样，企业才有机会接受未来的挑战，并具有面对未来的能力。

随着互联网技术的推进，在理念和习惯上的调整会显现得更加突出，环境需要有一种全新的价值取向——"试错，纠正，迭代"，一种更加包容创新的价值观，这是对每一个组织及组织管理者的挑战。如果不能拥有包容的理念与习惯，在一个需要用创造与快速变化来应对不确定性的时代，就意味着落后。

不确定性成为常态，导致组织进入从未有过的新情景，组织目标实现的条件和要素也全然改变，组织内部现存的能力和资源已经不足以支撑组织自身的发展，基于协同而获得的效率，远远大于基于分工所获得的效率。组织曾经依赖的管理模式，无法解决新的挑战与问题。在组织管理核心命题中，从关注“价值评价”转向关注“价值创造”，这个转变本身，就需要企业打造新文化，以驱动组织内在价值观的成长，从而让组织成为真正个体创造价值的平台，一个可以持续为个体赋能的平台。

一个好的组织，让本不可以胜任工作的人，可以胜任。

——陈春花

第5章

激活组织的七项工作

—

INSPIRE

THE

ORGANIZATION

—

通过20多年来对组织行为学的教学和研究，我更深刻地感受到，让组织运作更有效是组织行为学潜在或明显的目标，组织有效性是组织行为学研究最终的“因变量”。虽然不同理论所使用的标签存在差异——组织绩效、成功、优秀、健康、卓越等，但它们最终的目的都是为组织运作得更有效而提出各种模型和建议。

关于组织的有效性，总是让我对组织的能效有着敬畏之心，**在组织与个体之间的价值互动之中，一方面承认个体价值崛起，个体更加自主与自由；另一方面也更深地理解到个体需要在一个组织平台上工作，否则个体价值无法得到真正释放。**组织有效性的四个观点会给大家理解这一点带来帮助。

组织有效性之开放系统观点

组织有效性的开放系统观点是思考组织最早和最为基础的理论，其他有关组织绩效的主要观点都是在此理论基础上的拓展。开放性系统观点把组织当作生存在外部环境之下的一个复杂有机体。作为开放系统，组织依赖外部环境获取资源，包括原材料、劳动力、资金、设备和信息等，还包括了规则和社会期望，如法律、文化等，这些都决定了组织应该如何运作。一些环境资源（例如，原材料）转化为产出并被输送到外部环境中，而其他资源（例如，劳动力与设备）则在转化过程中成为组织的子系统。组织中有众多的子系统，诸如部门、团队、非正式组织、工作流程等均作为组织中的子系统而存在。开放系统观点主要包括两个核心内容，第一，**组织 – 环境**。根据开放系统的观点，当组织能够很好地适应外部环境时，组织是有效的。第二，**组织效率**。内部运营的最常见指标是组织效率，即投入产出比。成功的组织不仅需要高效的转化过程，而且需要更多的具有适应性与创新性的转化过程。

组织有效性之组织学习观点

组织学习的一个出发点是，组织有效性依赖于组织获取、分享、使用、存储宝贵知识的能力。它包括两个主要的部分，第一部分是**智力资本**。组织学习观点将知识作为一种资源，这种知识资源以三种方式存在，统称为智力资本（intellectual capital）。这三种存在的方式分别是：人力资本（human capital）——员工的知识、技能和能力，被认为是具有价值的、稀缺的、难以模仿的并且不可替代；结构资本（structural capital）——组织系统和结构中获得并保留下来的知识，例如有关工序的文档和生产线的布局图等；关系资本（relationship capital）——组织的商誉、品牌形象，以及组织成员与组织以外的人员之间的关系。第二部分是**组织学习与反学习**。组织学习过程包括知识获取、知识分享、知识运用及知识存储。为了维持智力资本，组织需要留住知识型员工，并将知识系统地传递给其他员工，最后将知识转化为结构资本。组织学习观点不仅指出高效的组织需要学习，而且还指出组织必须抛弃一些不合时宜的行为惯例和模式。组织反学习使得组织能够删除无附加价值的、可能降低组织效率的知识，包括调整功能失调的政策、程序或者改变态度等。

组织有效性观点之高绩效工作实践观点

和组织学习观点相似，高绩效工作实践的基本观点是人力资本，即员工拥有的能力是组织竞争优势的一个重要来源。高绩效工作实践观点最显著的特征是，它试图确定系统和结构中一系列具体的子系统，而这些子系统能够从人力资本中产生最大的价值。研究者已经证实了四种有助于提高绩效的工作实践：员工参与、工作自治、绩效奖励和员工能力开发。

组织有效性观点之利益相关者观点

当组织考虑到影响组织目标和行动，或者被组织目标和行动影响的个体、团队或其他实体的需求时，它就会变得更加有效。利益相关者观点的一个最大的好处就在于：它思考组织有效性时，考虑了价值观、伦理和企业社会责任。

从组织有效性的四个观点出发，结合企业实践和优秀企业案例研究，在我看来，能够让个体价值最大化的组织管理，需要做出很多根本性的改变，其中最重要的是以下七个方面的改变：结构、文化、激励、工作习惯、绩效检验、价值共同体以及领导者角色。这些改变是激活组织的核心工作，我将其定义为激活组织的七项工作。

第一项：打破内部平衡

传统组织结构经历了直线制、职能制、直线职能制、事业部制、矩阵制等多种不同的形式，但它们都是由按职能划分的不同部门所组成的垂直型组织结构形式。这是因为这些组织结构都是以工业经济为前提而设计的，是工业经济特有属性的体现。以分工为基础，职责清晰，角色明确是传统结构的核心特点，也是因为这个特点，导致今天必须打破平衡，从分工转向协同，从固化角色转向模糊边界，从控制成本转向协同效率，以使个体得到更加自主创造的空间。打破平衡需要做以下三件事情：消除结构障碍、划小单元、无固定领导权威。

消除结构障碍

传统组织结构的弊端在互联网时代暴露了出来：一是严格的层级制度降低了工作效率；二是部门之间难以协作；三是知识型员工自主行动自由与自我价值实现受到限制；四是难以应对外部环境的变化。海尔张瑞敏曾以“鸡蛋从外面打破只是人们的食物，但从内部打破就会是新的生命”这个比喻为启示，认为对于海尔来讲，其需要的就是从内部打破，即自我突破、自我颠覆和自我挑战。德鲁克先生曾经说过：“未来的组织，是有组织无结构的。”有组织无结构的组织形态正是现在组织所需要的。为实现这一点，需要从以下几个方面做出改变。

第一，以任务团队结构取代层次结构。打破专业分工和等级制的组织结构，减少管理层次和职能部门，强化内部信息交流与沟通，突出平等、速度与效率，以任务团队结构取代层次结构，按照顾客的需要而不是按照职能来进行组织，从而形成以工作小组、团队为基本单元的组织结构，强化组织对于外界的反应速度，适应变革的持续性。

第二，不断调整组织实现目标的方式。目标是组织发展的动力，是组织最终的价值体现。不同时期，人员组成、外部市场以及组织结构的不同使得实现目标的方式存在差异。互联网时代，环境的动态性更使得组织目标实现方式存在多样性，如在发展稳定时采取主动性措施，在动荡时采用稳健性措施等。不同时期企业要及时调整实现，保证在成本最小化的基础上实现组织目标。

第三，组织成员柔性组合。形成组织内部人员流动的氛围及机制，给予员工最大化的获得新机会的可能性，不断调整组织成员，不仅要保证机会均等，更重要的是保证成员能够自主地表达需求，同时不准许成员固化自己的角色与岗位。

第四，运用信息技术协调成员之间的关联而非控制。组织管理者的职能从控制转向支持、从监督转向激励、从命令转向指导。组织管理者需要借助网络信息技术以帮助组织成员进行自我管理。例如，建立信息平台，帮助成员在相互尊重与信任的基础上进行知识与资源共享，协作完成组织目标。

柔性组织结构在一些著名的企业中获得成功，比如谷歌、阿里巴巴等。在这里，我选择一家新品牌企业来说明这一点。在丛龙峰所做的“韩都衣舍”案例研究中，大家看到了基于柔性创造的组织模式之魅力。2007 年，在与韩国 Tricycle 快时尚女装公司接触的过程中，赵迎光意识到，做女装才是更合适的方向，于是开始了又一次创业，“韩都衣舍”诞生了。事情远比想象的顺利，到 2008 年年底，韩都衣舍的销售额达到了 300 万元，2009 年为 1200 万元，2010 年为 8700 万元。2014 年年底，该数字已达到 15 亿元，员工数也从第一年的 40 人增至 2600 人。2014 年“双 11”，韩都衣舍集团的销售额 1 分钟破 1000 万元，6 分钟破 2000 万元，10 分钟破 3000 万元；到了早上 5 点 22 分破亿，早上 8 点突破 2013 年的销售额 1.13 亿元，最终收于 1.98 亿元，领先服装品类第二名优衣库 9000 万元。2015 年年初，韩都衣舍在线上正式运营的子品牌已有 16 个，加上已正式立项的共有 22 个。

“韩都衣舍”在经营过程中找到了一套适合自身发展的管理模式，这便是在电商圈里赫赫有名的“以小组制为核心的单品全程运营体系”，简称“小组制”。这一模式将传统的直线职能制打散、重组，即从设计师部、商品页面团队及对接生产、管理订单的部门中，各抽出 1 个人，3 个人组成 1 个小组，每个小组要对一款衣服的设计、营销、销售承担责任，与此相应小组提成也会根据毛利率、资金周转率计算。毫无疑问，这种划小核算单元、责权利统一的方式，更有利于激活每个团队的战斗力，也很契合“韩都衣舍”“快时尚”的定位，其收效是显著的。2014 年，“韩都衣舍”内部已有 267 个小组，在它们的努力下，主打品牌 HSTYLE 女装推出 2 万款新品，全公司推出 3 万款新品，平均下来，“韩都衣舍”在每个工作日会推出 100 多款新品，每个小组每年要贡献 100 多款新品。相较而言，快时尚领域的领导品牌 ZARA 每年推出约 1.8 万款新品——如果仅以速度和款式数量论，“韩都衣舍”的成绩单比 ZARA 还要出色。

“韩都衣舍”能够取得这样的业绩，正是因为其不断打破内部平衡，围绕着顾客价值柔性组合内部的资源，内部组织体系也不再是层级结构，而是小组结构，让每一个小组织，从设计开始，可以全程直接对最终价值负责。打破组织内部结构的障碍，让组织可以依据顾客需求和市场变化重组组织要素是极为重要的，这一点，对于大型的组织来说，挑战更加巨大。但是无论挑战多大，打破内部平衡，让组织更具柔性是必要的选择。

划小单元

稻盛和夫所创造的经营模式被称之为“阿米巴经营”，其核心精髓是公司经营的原理和原则：“追求销售额最大化和经费最小化”。为了在全公司实践这一原则，就要把组织划分成小的单元，采取能够及时应对市场变化的部门核算管理。

“阿米巴”（Amoeba）在拉丁语中是单个原生体的意思，属原生动物变形虫科，虫体赤裸而柔软，其身体可以向各个方向伸出伪足，使形体变化不定，故而得名“变形虫”。变形虫最大的特性是能够随外界环境的变化而变化，不断地进行自我调整来适应所面临的生存环境。这种生物由于其极强的适应能力，在地球上存在了几十亿年，是地球上最古老、最具生命力和延续性的生物体。在阿米巴经营方式下，企业组织也可以随着外部环境变化而不断“变形”，调整到最佳状态，即能适应市场变化的灵活组织。

划小单元可以实现两个最重要的功能，第一个是培养具有经营意识的人才。经营权下放之后，各个小单元的领导会树立起“自己也是一名经营者”的意识，进而萌生出作为经营者的责任感，尽可能地努力提升业绩。这样一来，大家就会从作为员工的“被动”立场转变为作为领导的“主动”立场。这种立场的转变正是树立经营者意识的开端，于是这些领导中开始不断涌现出与公司一同承担经营责任的经营伙伴。

第二个是实现全员参与的经营。如果每一个员工都能在各自的工作岗位上为自己的小单元甚至为公司整体做出贡献，如果小单元领导及其成员自己制定目标并为实现这一目标而感到工作的意义，那么全体员工就能够在工作中找到乐趣和价值，并努力工作。组织管理就是要激励全体员工为了公司的发展而齐心协力地参与经营，在工作中感受人生的意义和成功的喜悦，实现“全员参与的经营”。

划小单元的实施，无形中激发了基层员工的积极性，“我的事业我做主”，把企业基本单元转变为独立的经营主体，从而更好地激发企业的内在活力和创新动力，充分调动基层管理者和员工的积极性、主动性、创造性。从 2014 年开始，我在新希望六和实施划小单元的实践，从原本 4 个大的运营中心，拆分划小为 48 个经营单元。有了 48 个经营单元之后，一大批员工的能力被释放出来，在 3 年的时间里，公司不仅取得了年均 27% 的利润增幅，更重要的是完成了企业战略转型所需要的组织转型。

2016 年，碧桂园实现 3088.4 亿元的销售额，一跃成为中国成长最快的公司。最令人侧目的是，6 年前碧桂园年度销售规模仅为 329 亿元，那时，这家诞生于广东顺德的地产商，仍被业界认为是一家中小型的家族企业。6 年间碧桂园的业绩成倍增长，2011 年 423 亿元，2012 年 476 亿元，2013 年 1060 亿元，2014 年 1288 亿元，2015 年 1402 亿元，2016 年 3088.4 亿元，这样的增长速度，在地产行业并不多见，在其他行业也不多见。

碧桂园能够获得如此快的增长速度，其背后的原因自然有很多，但是有一点非常突出，那就是“打造小碧桂园”的组织变革。2010 年 7 月，莫斌出任碧桂园总裁，在杨国强主席的授权下，展开了一场全面的管理架构变革，以提升运营效率。从那时开始，碧桂园集团开始不断授权给区域，下放职能，促进区域实体化，帮扶落后区域，把一个碧桂园，划小为 10 个“小碧桂园”。过去 6 年间，每个区域开始成为碧桂园旗下的小“小王国”，自成一体。区域总裁被称为“小国王”，评判他们功绩的是区域的销售业绩。放权让区域更有活力，区域能够根据一线市场的炮火随时调整与应对，每个区域总裁都被要求不能做甩手掌柜，以明晰其旗下每一个项目的状况。集团放权让区域感受到了自主运转的甜头，正如江苏区域平台的负责人刘森峰说：“这就像碧桂园给了我一个最完美的创业平台。”这也正是碧桂园成倍增长的内在驱动力量。

无固定领导权威

权威是任何组织和社会的制度安排、组织运行、人际关系、资源分配当中存在的普遍现象。柏拉图是最早提出“权威”概念的人，他认为权威就是对意志的服从关系，而马克斯·韦伯则是第一个严谨论述工业时代有关领导权威思想的学者，他们的领导权威观点反映并指导了工业时代组织管理的组织制序和稳定性。然而，在一个新时代技术背景下，要打破工业时代组织管理的组织制序和稳定性，“去权威化”是其中的一个选择，也是一个不得不面对的现实。

网上流传一个联想集团 90 后员工反对柳传志让他们做“发动机”的小故事。2014 年联想建立 30 周年的时候，柳传志先生写了一篇文章用以分享联想的发动机文化，意思是公司应该想方设法让员工成为创造性的执行者甚至是战略制定的参与者。结果，一个 90 后的年轻人写了一篇文章，标题赫然是《致联想柳爷爷，听不懂您在说什么》，文章中说道：“在柳爷爷门前弄个斧，跟您聊聊什么叫数字化生存：不管老大们怎么变，我们只要把 U 盘换成移动硬盘，再不行升级成云盘就全部搞定。但是，您老可千万别让我们当什么发动机。”

员工公开“挑战”企业大佬和老板权威的做法与故事，在传统领导范式框架下应属于逆天的做法。在互联网时代和新生代员工当中，去中心、自媒体和去权威化，却是一种新常态。政治学家罗伯特·达尔曾对权力做出了这样的描述：“A 可以通过行使权力让 B 做 B 本来不会做的事。”根据“信息即权力”原则，当 A 握有信息时，就可以让不知此信息的 B 去做一些事情。而当信息开放后，即 A 知、B 知时，A 也就不具有权力了。互联网时代遵守的一条原则就是：“信息即权力”，在数据媒体多元化、数据信息爆炸、数据传输速度飞快的时代，更多人获得信息对称后，权力也就慢慢弱化了。因此，华为才改变组织模式，让掌握真实信息和有责任感的一线人员，拥有充分的自主决策权和行动权，让“听得见炮声的人”调动组织资源，以实现组织目标。

我倾向于实现组织内部的“无固定领导权威”，换句话说，就是谁专业，谁具有领导权威；谁承担明确的责任，谁具有领导权威。做到这一点，管理者本身需要具有“去权威化”的领导作为：第一，组织管理者应该放弃工业时代权威化领导的旧观念，以尊重专业性与责任的个人形象出现；第二，赞赏勇于担当的员工，鼓励员工像管理者一样对事情有深刻认识，允许员工根据自己的意愿去做事；第三，组织管理者学会成为被管理者，让自己适合在不同的组织内部新组合中胜任新的角色。

2015 年，我在参加商学院戈壁挑战赛的过程中，学会了从一个老师的身份，转化为以服从专业性权威为核心的被管理者的身份，做到这一点，我才能够在团队的帮助下，完成四天徒步戈壁 120 公里的挑战。这个体验让我更深刻地理解到，在一个有效的团队管理中，如何遵从专业领导权威，如何胜任一个好的团队成员（被管理者）这个角色，是保障组织实现目标不可或缺的要素之一。

张瑞敏在《致创客的一封信》中，开篇这样写道：“人类社会的每一次繁荣进步都离不开科技的突破，但人类文明的每一次飞跃发展更离不开思想的解放。当互联网带来指数科技的繁荣，我们又一次站在了时代的风口，就在大工业发展把每一个个体变成机器部件的最危急关头，时代列车转入一个新的轨道，‘零距离’‘去中心化’‘分布式’的互联网思维把我们带进一个充满生机与挑战的人人时代，一个人人创客的时代。”这段话让我对张瑞敏以及海尔有了全新的认识，转述这段话，是想说明，今天的组织需要不断调整自己的结构，让个体价值释放出来，才可顺应这个时代的变化。

第二项：基于契约的信任

在华为讨论员工与公司关系问题时，我谈到了“感恩”这个词。在我们的认知里，觉得一家公司能够给员工提供好的工作环境，让员工获得高收入并能够不断成长，这个员工应该对公司怀有一种感恩的心。想不到任正非不接受这个观点，他说，在华为，我们不需要员工感恩，如果有员工觉得要感恩公司了，那一定是公司给他的东西多了，给予他的多过他所贡献的。我听到这里，就问身旁的曹轶，她在公司工作了 10 多年，问她怎么理解这种说法，她的回答也给了我很大的触动。她说，她感受到的更多是“责任”，而不是“感恩”。田涛也随之附和说：华为与员工之间是一种契约信任的关系，不会用感恩或者情感作为纽带。

这是一个非常有意思的话题，也让我们从另外一个角度去理解华为文化的刚性，那就是对于责任的担当、对于契约的守护。华为一直强调以流程型和时效型为主导的体系，为什么要这样强调？因为在华为看来，流程与时效本身能够让每一个人养成对事不对人的习惯。执行流程的人要对事情负责，如已经有规定或者成为惯例的东西，不必请示，应快速让它通过，这是对事负责制。事事请示，这就是对人负责制。任正非认为，在中基层要重新修改口号，要先学会做事，再学会做人。我想，正是这些价值体系支撑了华为17万名员工，“力出一孔，利出一孔”，使得华为成为全球最具影响力的企业之一。

如何建立员工与组织之间的关系，是组织管理中最为核心的关系界定。在传统的组织管理逻辑中，一直强调员工需要服从组织，需要有贡献于组织目标的行为，正因为这样，克里斯·阿吉里斯（Chris Argyris）提出了“阿吉里斯定理”。“阿吉里斯定理一”直截了当地指出：“正式组织的要求和健康个性的发展是不协调的。”规范的正式组织，与成熟的，即独立自主的、积极的、个性彰显的员工组合到一起，只会造成混乱，这是因为正式组织要求员工具有依赖性和被动性，循规蹈矩，严格遵从组织的规章制度。从“阿吉里斯定理一”导出推论：组织的混乱不安程度与健康个性的发展程度、个性同组织的不协调程度成正比，这一定理阐述了正式组织与个体健康发展之间的矛盾。

今天的关键问题是：必须找到正式组织与个体健康发展之间的协调性。唯有这样，组织才有机会与优秀的个体组合在一起。具体来讲，需要从以下几个方面入手。

管理员工期望

员工与组织之间有一种很特殊的关联，这种特殊的关联被称为“心理契约”（psychological contract）。心理契约是员工与组织之间无形的默契，默契的内涵包括员工对组织有一些期望，组织对员工也有一些期望。两者之间的彼此期望如果能达成共识，正式组织与个体健康发展会达成可协调的状态，所以如何不违背员工与组织之间的心理契约，即如何管理员工期望是一件极为重要的事情。

在组织中，人们常常听到管理者强调“态度决定一切”的说法，其正确与否姑且不论，但是要知道，管理者无法随意引导员工的态度，因为员工的态度与心理契约紧密相连。心理契约原本是社会心理学提出的概念，在 20 世纪 60 年代初被引入管理领域。从定义上去理解心理契约，有广义与狭义之分，广义的心理契约是指存在于组织和成员间的一系列无形的、内隐的、不能书面化的期望，是在组织中各层级间、各成员间任何时候都广泛存在的没有正式书面规定的心理期望。这种理解充分体现了心理契约存在于组织和成员间维系彼此良好关系的重要性。

卢梭等学者不同意把心理契约定位在组织层面上，认为组织不具有主体性，因而不会有统一的期望。在此基础上，他提出了一个相对狭义的心理契约概念，即心理契约是员工以自己与组织的关系为前提，以承诺、信任和感知为基础，自己和组织间彼此形成的责任与义务的各种信念。这种建立在个体水平上的定义简单、明确，强调员工对于组织责任和自己责任的认知。

20 世纪末，有研究者对英国各地区各行业的雇员和组织间的心理契约内容进行调查后发现，组织对雇员的义务的期望主要有：守时、敬业、诚实、忠诚、爱护资产、体现组织形象、互助等 7 个方面，而雇员对组织义务的期望主要有：培训、公正、关怀、协商、信任、友善、理解、安全、一致性、薪资、福利和工作稳定等 12 个方面。研究还表明，员工与组织双方在心理契约中对组织义务的期望在友善、理解、福利、安全、薪资以及工作稳定等方面有显著差异。双方在对员工义务的期望中，在忠诚、爱护组织资产和体现组织形象等方面存在显著差异，员工比较强调爱护资产、体现组织形象，而组织更强调忠诚，这一点尤其需要管理者关注。

近年来，在全球竞争和组织变革的大背景下，心理契约在内容上发生了巨大的变化。过去在心理契约中非常重要的内容，正在逐渐消失或占据次要地位。同时，一些新的内容，如对灵活性、公平性、变革创新、不断尝试的要求，在心理契约中占据的权重越来越大，表5-1概括了这些成果。

表5-1 心理契约内容构成的变化

特　点	过去的心理契约构成内容	当前的心理契约构成内容
关注的焦点	工作安全性、连续性、对组织忠诚	相互交换的可能性、未来雇用的可能性
形式	结构化的、可预测的、稳定的	无固定结构的、灵活的、可以广泛协商的
建构基础	传统、公平性、社会判断	市场导向、能力与技能、附加价值（增值）的可能性
组织职责	工作连续、工作安全、培训、职业发展前景	对于附加价值的公正奖励
雇员职责	忠诚、全勤、服从权威、令人满意的工作绩效	技术革新、创业精神、锐意变革、不断尝试、优异的工作绩效
契约关系	正规化、大多数通过工会和中介代理机构	认为双方服务的交换（内部及外部）是个人责任
职业生涯管理	组织职责，通过人事部门的输入来规划和促进职业生涯的内螺旋发展	个人职责，通过个人的再培训和再学习形成职业生涯的外螺旋发展

资料来源：陈维政，张丽华，忻榕．转型时期的中国企业文化研究[M]．大连：大连理工大学出版社，2005．

在个体价值崛起的时代，组织如何在与员工的关系中建立基于心理契约的信任，是一个需要被特别关注的领域。心理契约能够对员工的工作态度和行为产生重大影响，研究表明，员工在心理契约得到有效兑现的情况下，会表现出更高的工作满意度、留职意愿和组织信任感。相反，组织破坏心理契约或发生心理契约的违背现象则会给员工工作态度及行为产生重大的负面影响。

通常情况下，当员工自认为完成了组织的工作任务，而组织却没有履行相应的义务，这时就很可能发生心理契约的违背。心理契约违背发生的原因通常是员工自认为心理契约内容得不到满足，或体验到不平衡的收入与付出。因此，作为一种“公平”的认知想法，员工有可能改变行为和态度，有可能通过减少行为的付出或者努力的程度来获得主观上的平衡。显然，心理契约违背对员工的态度和行为会产生消极的影响，当员工的心理契约遭到违背的时候，有可能导致提意见、辞职、忠诚度下降等行为和态度的发生，此时员工对组织的信任动摇，心理契约关系进行重新确定，进而有可能导致员工与组织之间的关系变得更具交易性，更多地关注眼前的直接经济利益，使得员工的心理契约关系变得脆弱，对员工激励带来不利影响。

正是从这个角度看，华为对于员工“感恩”的看法是有道理的，华为强调“责任”而非“感恩”，形成一种基于责任的信任关系，可以很好地管理员工对于组织的“期望”，保证员工与组织之间是一种单纯的、基于“责任”的平等交互关系。华为明确组织对于员工期望的标准，员工也明确自己对组织期望的标准，两者之间处在一个相互符合预期的组织状态中。在这样的组织状态中，员工预期和组织预期都不会产生混乱，更不会有超过预期带来的不满，员工和组织在一种良性的理解中，构建了彼此的信任。从表面上看，似乎组织少了一些“温情”，而实际上，员工会更容易得到绩效结果和满意度。

反观很多中国企业，一直强调“公司是一个家”，拉高了员工对公司的期望，但是公司的确不是一个“家”，无法用对待家人的方式来对待员工，所以员工会觉得受到伤害，达不到预期，往往出现背离公司期望的行为，甚至彼此受到伤害。很多企业的老板不明白：为什么公司对员工已经很好了，可是员工还是不满足？公司已尽力在帮助员工，员工为什么对公司不忠诚？这些现象普遍存在，并不是老板做得不好，也不是员工忠诚度出了问题，究其原因，是员工与组织之间的期望管理出了问题，也就是心理契约出了问题。

在员工和管理者之间，如果存在良好的彼此期望与默契，有可能比任何明晰的文件都能产生积极的影响。如果管理不好彼此的期望，导致心理契约违背的发生，势必会影响组织中信任的建构，破坏组织中的员工激励，导致员工与组织之间的关系遭到破坏。因此，组织管理者如果要建构一个稳定、牢固的心理契约关系，做好员工期望管理，就应该从根本上管理员工的期望，可能采取的做法有以下五种：第一，尽可能地实现组织和员工的工作关系是正确而合适的，即把合适的人安置在合适的岗位上；第二，让员工感受到责任承诺与组织对个体的承诺是明确而可靠的；第三，在任何情况下，都有一个适当的交流，在具体情况发生变化时，要有一个明确、清晰的认识；第四，确保人们因为好的绩效而得到承认；第五，确保人们因为努力而得到承认。

这里要特别强调的是，组织成员与组织之间的心理契约是在平等对话和相互承诺兑现的情形下被保护的。因此，把彼此的期望管理好，才能够确保平等对话以及相互承诺兑现的实现。

给员工以组织支持感

随着个体对自我需求认知的深入，简单的激励措施已经无法实现好的效果。为此，研究学者从多个角度观察和分析个体与组织之间发生关联的各种影响因素，其中 20 世纪 80 年代中期，美国社会心理学家艾森伯格（Eisenberg）根据“社会交换理论”及“互惠原则”，提出了组织支持（organizational support theory，OST）和组织支持感（perceived organizational support，POS）理论，给大家提供了帮助。该理论认为，组织的支持能够满足员工的社会情感需求，如果员工感受到组织愿意并且能够对他们的工作努力进行回报，员工就会为组织的利益付出努力。员工如果得到重要的资源（如工资增加、发展性的培训机会等），他们就会产生义务感，并且按照互惠原则，通过增加角色内和角色外绩效来帮助组织达成目标。

在工业时代的管理逻辑中，组织管理更关注组织对个体的要求，而比较少地关注个体对组织的要求。信息技术，特别是互联网技术的到来，个体与组织构成共生关系，组织必须关注个体对组织的要求，这一点从“员工与组织的关系”的关键词改变中即可窥见一斑。20 年前，在研究员工与组织的关系中，人们关注的是“员工忠诚度”；10 年前，在研究员工与组织的关系中，人们关注的是“员工满意度”；5 年前，在研究员工与组织的关系中，人们关注的是“员工幸福感”。从“忠诚度”，到“满意度”，再到“幸福感”，可以看到员工越来越关注自己的情感需求，而组织也必须调整自身对员工关系的认知，这样才可以与员工在一起创造价值，以实现组织的成长。

所以，借用“组织支持感”的理论，建议组织管理者设立一系列奖励给员工，使员工感受到组织对他的支持，包括物质与精神形式的奖励，涉及物质的、心理的、社会的或者组织的多个方面。这些奖励不仅可以促进员工实现工作目标，激励员工成长与发展，还可以满足员工的社会情感需求。给员工以组织支持感，决定着员工对组织的一种知觉和看法，在这一点上有两个核心要点：**一是员工对组织是否重视其贡献的感受；二是员工对组织是否关注其幸福的感受。**一旦员工感知到组织愿意为其提供多方面的支持，员工就会为组织利益付出更多的努力，表现出更高的组织承诺、更强的工作执行力，以及提出更多具有创新性的方案。

影响员工组织支持感的因素主要有：组织公平、主管对下属的支持和组织奖赏与工作条件。如果员工感知到组织能够给予其这些要素，他就感受到了组织给予他的支持。所以，给员工组织支持感需要从以下三个方面入手展开。

维系组织公平

员工感受“组织公平”是从结果公平、程序公平和互动公平三个方面得到的。“结果公平”是指员工对所得结果（如报酬）公平性的感知；“程序公平”是指员工对组织程序或办法的公平性的感知；“互动公平”是指员工所感知到的人与人之间交往的质量，包括人际公平和信息公平。研究结果表明，“结果公平”主要影响员工对管理决策结果的感知和态度；“程序公平”主要影响员工对企业的态度和情感；“互动公平”主要影响员工与管理人员之间的关系。组织公平是影响员工获得组织支持感的最主要的因素。

主管对下属的支持

主管对下属的支持，会使员工感受到自己的主管珍视自己的贡献、关心自己的福利。很多实践表明，员工倾向于把自己的主管行为看作组织行为，把自己主管的倾向归结为组织的意图。此外，主管作为员工与高层管理人员的中间人，员工认为，主管对自己的评价会传递给更高层，进而影响更高层对自己的看法。因此，员工会进一步把主管对自己的支持看作组织对员工支持的一部分。所以，主管支持是影响员工获得组织支持感的一个重要因素。

提供组织奖赏和工作条件

为员工提供发展技能、自助开展工作的机会，并使员工工作能够得到上级管理者的理解和承认，这些都能够提高员工的组织支持感。对员工的晋升和奖赏体现了组织对员工贡献的认可，这将促进员工更加努力地工作并且增强其组织支持感。

给员工以组织支持感，对形成员工与组织之间的信任关系是极为重要的。提高员工的组织支持感是提高员工工作满意度、组织承诺与工作绩效，降低缺勤率、流失率与消极怠工等行为的重要措施之一。一方面，这项工作能够影响到员工对组织的心理感受，如果能够不断投入和强化，可以促使员工认同自己的组织身份和角色地位，并产生对组织的情感承诺；另一方面，这项工作也会增强员工对组织奖赏自己良好绩效的信心。对员工而言，这样可以增加工作满意度和激发工作热情；对组织而言，这样可以增加员工的情感承诺，提高绩效和降低离职率。

信息透明与沟通

几乎所有的企业，当发展到一定的程度，都会为类似的问题所困扰：原有的勃勃生机似乎正在消失，员工人心涣散，士气低落，各部门更加强调自己的利益，互相的协调与配合越来越困难……这一切令管理者感到困惑：为何在创业的艰苦时期，大家可以齐心合力，士气高涨，而在企业的厂房更新、技术更先进、福利待遇更好的情况下，员工士气和部门间的协作反而不如从前？

在多数情况下，这些问题的症结在于缺乏有效的内部沟通。创业初期，企业规模较小，人员之间的利益差异不明显，这时企业内部沟通比较容易进行。随着企业规模的扩大，人员构成日趋复杂，企业内部信息不对称的情况越演越烈，部门之间隔阂加深，层级之间不协调加深。1982 年，由托马斯、佩里思、福斯等咨询公司联合发起的对 26 家美国和加拿大企业的调查，得出了大致相同的结论。员工从“小道消息”获得的信息量仅次于顶头上司，90% 的人都希望顶头上司成为“优先信息源”。研究还指出，如果顶头上司和经理等正式沟通网络不能完全满足员工的信息需要，则不受控制的、非正式的沟通网络将成为企业经营方针与发展方向的基本信息源。这项调查虽然年代较久，但是即使到今天，同样的问题依然存在。

企业与员工沟通常有如下情形：

- 多数员工既没有机会收到也没有机会发出大量的信息；获得有关工作的信息是他们最基本的需要，但多数人想收到却不愿发出更多的信息。
- 信息发出的层次越高，回音越少。
- 来自最高管理者的信息质量最差，并降低了各种来源的信息的质量。
- 员工虽然不愿以“小道消息”的方式获得信息，但实际得到的很多。这些信息来得迅速，却不准确。
- 最高管理者有必要与员工进行当面对话。
- 员工一般都会因与直接上司和同事保持良好的沟通关系而高兴，但整个企业的沟通开放程度低、缺乏激情、言之有物者少，几乎会提供能够影响决策的建议和机会。

缺乏信息的回馈与参与决策的机会，致使工作中缺乏更多的激情；沟通不畅、信息不透明而带来的问题会造成企业经营的严重困难，甚至使费尽千辛万苦才发展到一定规模的企业四分五裂；只有加强企业内部的沟通与交流，才能激发企业的活力，增强凝聚力，众志成城，使企业保持蓬勃的生机与竞争力。

我很感慨任正非所采用的信息透明与沟通方式给华为带来的活力：华为的“心声社区”给员工提供了一个广泛的交流平台，很多公司的信息、高层的看法、普通员工的看法，甚至包括任正非自己的看法，都可以在这个平台上得到释放、交流、讨论以及回馈。任正非在内部发表的讲话，给全体员工写的公开信，能够明确、透明地传递任正非以及华为公司的价值判断、战略方向、对事情的理解以及意见的回馈。华为内部自我批判、绩效考核以及工作习惯等一系列沟通方式的设计，都是为了让 17 万人能够全面理解公司的决策、战略、面对的挑战、公司的价值判断以及倾听员工的心声。

新希望六和在转型和成长期间，同样采取了全方位的沟通模式，让 6 万员工可以直接了解到公司战略转型的方向、面对的挑战、存在的问题以及解决方案，直接了解到决策层的想法，以及公司的价值判断。让公司信息全透明，上下各层都可以得到全面的信息，以确保信息全对称。这些努力给予了我极大的帮助，可以让我和决策层随时倾听到一线和市场的声音，可以让一线员工倾听到高层的声音，更重要的是，因为信息对称，让全体员工在持续的组织变革调整中，从因为不理解带来的不安，到理解带来的自我改变。在 3 年的时间里，新希望六和不仅展开了转型并取得了经营业绩的增长，更重要的是得到了最大的资产，那就是内部的信任以及基于不断改变和转型的自信。

管理过程是一个持续决策的过程，而信息则是决策的基础，信息的量和准确性决定了决策的水平。传统管理十分重视计划、组织、领导和控制，而对管理沟通常有疏忽。不少企业认为信息的上传下达有了组织系统就可以了，这表明管理层还没有从根本上重视管理沟通问题。

目前许多公司花了大量的时间和精力以便更好地了解顾客的设想、评价和行为模式。一般大公司都有预算，固定投入大量资金进行观察研究、成立专门小组、分发征询赠券，甚至设立信息交流平台以便深入了解顾客。一些最关心顾客的公司总是尽量了解顾客的要求。

但是有一点被忽略了，那就是了解、关心并满足顾客需求的是企业员工，可惜的是很少有公司像为顾客沟通那样投入去做员工沟通。正确的做法是，需要同等投入去做员工沟通。一些优秀企业开始在员工沟通中做出很好的尝试，归结起来集中在以下三个主要关注点上。

第一，综合运用正式沟通渠道和非正式渠道。有效的组织沟通，应设法缩短信息传递链，保证信息的畅通和完整，如减少组织机构重叠，降低信息的损耗率；在利用正式沟通的同时，开辟高层管理人员至基层管理人员的非正式沟通渠道。组织沟通渠道对组织沟通效率的提高具有决定意义；组织沟通要充分考虑行业特点和人员心理结构，结合正式沟通渠道和非正式沟通渠道的优缺点，设计一套包含正式沟通和非正式沟通的通道，以使组织内各种需求的沟通都能够准确及时而有效地实现。

在正式沟通渠道方面，目前大多数企业的管理沟通还停留在指示、汇报和会议这些传统的沟通方式上，它们不能顺应社会经济的发展、组织成员心理结构以及需求层次的变化，导致组织成员的精神需求不能得到充分满足。定期的领导见面和不定期的员工座谈会是一种很好的方式：高层见面会使让那些有思想、有建议的员工有机会直接与高层领导沟通；员工座谈会则是在管理者觉得有必要获得第一手关于员工真实思想、情感时，同时又担心通过中间渠道会使信息失真而采取的一种领导与员工直接沟通的方法。在非正式沟通渠道方面，许多企业近年来采用的新传媒技术等形式，都是良好的方式。这些渠道既能充分发挥非正式沟通的优点，又因它们都属于一种有计划、有组织的活动，而易于被组织领导者控制，从而大大减少了信息失真和扭曲的可能性。

第二，减少沟通层级。人与人之间最常用的沟通方法是交谈，交谈的优点是快速传递和快速反馈。在这种方式下，信息可以在最短的时间内被传递，并得到对方回复。但是，在此过程中涉及的人越多，信息失真的可能性就越大。每个人都以自己的方式理解信息，当信息到达终点时，其内容常常与开始时的内容大相径庭。因此，管理者在与员工进行沟通的时候，应当尽量减少沟通的层级，越是高层的管理者越要注意与员工直接沟通。

第三，塑造利于信息透明与沟通的企业氛围。首先，设法让公司处在信息全透明的状态中，这是一个非常重要的要求。其次，鼓励所有员工积极思考并表达出来。最后，构建和谐的人际关系，鼓励工作中员工之间的相互交流、协作，强化组织成员的团队协作意识，营造平等、理解、信任的组织文化氛围。组织成员之间要承认并尊重彼此的差异，促进相互理解。信任不是人为的或从天上掉下来的，而是诚心诚意争取来的。所以，组织要致力于营造一种民主的氛围，这对组织管理者提出了更高的要求。

基于契约的信任对于提升组织成员的创造力，有着决定性的作用，这种信任一旦形成，既可以保证成员在组织中有长期发展观，也可以促进成员与组织的共同成长。

第三项：设立新激励

我们处在个体价值崛起的时代背景下，这加剧了行业格局调整的速度。如果企业创新与创造能力不够，就会被快速淘汰，所以与优秀的人在一起成为企业首要解决的问题。也正是在这样的时代背景下，“合伙人制”成为热门词汇，成为众多企业纷纷推行的改革措施。公司变成事业平台，给人才提供更好的机会与资源，身份转换、完全放权、独立运营、内部市场化、利益共享、风险共担，让人才变身为合伙人，让人才借助公司平台创业，实现人生价值与创富梦想等，这一切已经越来越多地成为企业组织发展的共识。

万科周刊发布《事业合伙人宣言》；阿里巴巴首席战略官曾鸣表示：“合伙人制是为保证公司保持远见、创业精神而设立的，是制度上的创新……”爱尔眼科首创实施医疗行业“合伙人计划”；海尔集团张瑞敏强调：“公司平台化、员工创新化、用户个性化”。从 2013 年以来，“事业合伙人”似乎一下子成为很多公司的良丹妙药，引发了人们对于这一新的激励模式的关注和追捧。合伙人制度的出现表面上是管理方式的变革，本质上是人才观念的变革，是让个体与组织长期组合在一起，共同生长，共担责任，共享利益的一个有效的模式。先让我们来了解一下“合伙人制”的基本概念。“合伙人制”主要可以分为三类：股份合伙、事业合伙、业务合伙。在商业实践中，很多企业会运用到多种合伙制的结合，成为混合型的合伙制模式。

股份合伙，即合伙人投资并拥有公司的股份，成为公司股东，参与公司运营的同时，承担经营与投资风险，享受股份分红。股份合伙是最常见的形式，对于创业公司来说，共同出资、共同经营称为创始合伙人，而对于传统企业或非创业期的公司来说，更多地表现为公司与业务骨干共同出资成立合资新主体公司的形式。

事业合伙，即常见的虚拟股份或项目跟投，员工出资认购公司虚拟股份，共同经营、共享利润、共担风险，但并不涉及法人主体或工商注册信息变更。事业合伙可以分为两类：一类是公司拿出一项业务、产品、项目、区域（单店）等可独立核算的经营体与参与该经营体运营的员工共同投资、共享利润、共担投资风险，如万科的项目跟投、很多连锁企业的单店员工入股；另一类是公司不区分不同业务、项目、区域，其虚拟股份对应整体经营盈利情况，全体合伙人出资认购公司整体的虚拟股份，并根据公司整体盈利状况进行分红、承担风险，如华为的内部员工持股计划。

业务合伙有两种常见的形式：一种是经营团队独立自主进行业务开拓与执行，享受团队经营所得的利润，这是合伙人制最早的形态，常见于智力服务机构，如管理咨询、会计师事务、律师事务所、投资银行等轻资产运作的机构，人力资本是企业经营的主要因素；另一种类似于承包制的演化，即在公司确定的业绩、利润基础之上，由经营团队通过努力实现的增值部分进行利润共享，不足部分影响员工收益，适用于非轻资产运作但员工对业绩、利润起到较大作用、员工经济实力不足以进行资金跟投的企业，更多应用于基层员工的合伙人制改造，如永辉超市推行的一线员工合伙人制。业务合伙不涉及法人主体及股份身份事宜，业务合伙人通过自己的开拓与努力实现业绩与利润，并享受分成。

在“合伙人制”方面，几乎中国领先的公司都做出了选择和尝试，并取得了明显的效果，如海尔、小米、万科、阿里巴巴、华为等。海尔采用的是“内部市场化、组织失控、自由竞争、内部创业”的组织变革方式。2013 年，海尔提倡进行企业平台化、员工创客化、用户个性化的“三化”改革。企业平台化就是总部不再是管控机构，而是一个平台化的资源配置与专业服务组织，并提出管理无边界、去中心化，后端要实现模块化、专业化，前端强调个性化、创客化。

小米则采用的是“独当一面的创始股东合伙人、初期员工的全员入股、充分授权与放手”的合伙人制。找到最合适的伙伴，采取合伙人的方式，充分授权，各管一块，实现每一块的高效运转，就像乐高玩具一样，用这样的优秀合伙人组建出一个个美妙的“世界”。因为拥有硬件、工业设计、软件、互联网等模块的合伙人，搭建出了“软件＋硬件＋互联网”的小米公司。

万科的合伙制是“利益与风险捆绑、自我革除赖以崛起的职业经理人制度。”2010～2012 年，万科高层管理者大量出走，三年间大约有一半执行副总裁及大量中层管理人员离开，甚至还引发了关于万科“中年危机”的大讨论。在这个背景下，万科拟通过合伙人制度，来重新界定公司与员工的关系，防止优秀人才的过度流失，应对已经到来的新形式。用万科总裁郁亮的话说：“事业合伙人有四个特点，即我们要掌握自己的命运；我们要形成背靠背的信任；我们要做大我们的事业；我们来分享我们的成就。”

阿里巴巴的合伙人制按照企业发展模式进行设计。2009 年 9 月，马云突然宣布包括自己在内的 18 位创始人集体辞去元老身份，阿里巴巴将改用合伙人制度。2010 年，阿里巴巴合伙人制度正式开始试运营。阿里巴巴的合伙人不同于股东、董事，合伙人必须持有公司一定的股份，但是在 60 岁时退休或在离开阿里巴巴时要退出合伙人（永久合伙人除外)，不再保有股份。阿里巴巴合伙人并非公司的经营管理机构，合伙人会议的主要权力是董事会成员候选人的提名权：合伙人拥有人事控制权，而非公司运营的直接管理权。

虽然华为并未对外宣称采用过“合伙人制”的说法，但是“以奋斗者为根本”的分配机制是华为最具特点的管理模式，也是华为凝聚17万人的有效手段，正如任正非自己说的那样：财务管理与人力资源管理是华为最强的核心竞争力。

平衡家庭与工作

工作和家庭是员工生活中的两个重要组成部分，个体同时承担着工作角色和家庭角色，它们之间相互影响、密不可分。工作与家庭关系是一种对时间、精力投入的竞争性关系和冲突关系。如果组织无法和员工一起来平衡工作与家庭的关系，不仅会为员工带来伤害，而且会给组织带来伤害。当来自工作和家庭两方面的压力在某些方面出现难以调和的矛盾时，会给员工产生一种角色交互冲突，体现在时间冲突、压力冲突或者行为冲突上。这三种冲突中的任何一种，都会影响组织和员工本身。

在传统管理体系中，组织不理会员工家庭角色的部分，只关注工作角色部分，而今这样的做法，已经无法适应员工的需求了。今天的员工非常在意兼顾工作与家庭的角色，大部分人不会选择为了工作而牺牲家庭，特别是那些个体能力强的员工或者年轻的员工，他们在价值选择上，会要求兼顾两者，而不会轻易牺牲哪一部分，这是管理者需要特别注意的情形。

我与宋一晓就工作与家庭冲突为主题做过一项研究，发现同时从事多个角色不仅有利于精神和身体的健康，还有利于人际关系的发展。除了工作、家庭这两个方面，必须关注到个人的自由时间与空间的重要性，例如业余时间的健身、看书、学习、音乐等。首先，人们需要娱乐，因为娱乐活动是人们有意识地追求精神平衡、精神休息的手段，能够带给人们快乐的体验以及积极的情感。其次，个人修养是人在个体心灵深处进行的自我认识、自我解剖、自我教育和自我提高，利用业余时间学习，提升个人素质及修养，这对于促进个人积极情感同样具有不容忽视的作用。具有高水平积极情感倾向的个体会有积极的人生观，会更乐观地处理不确定的事情，包括工作和家庭。同时，积极的情感会带来积极的体验，从个体资源来说，个体积极的情感能够促进工作、家庭关系的融合。

在所研究的视睿科技（现名视源股份 CVTE）案例中，这家公司很好地平衡了家庭与工作的关系，从而使得公司的组织效率和经营绩效表现优异。视睿科技非常清楚，父母和孩子作为员工家庭生活中的两大中心，始终是员工的“后顾之忧”。因此，“孝”是中华民族的传统美德，也是视睿科技“家文化”中的核心部分，这在很多细节上都得以体现。例如，每年视睿科技都会在春暖花开之际，为新人举行盛大的集体婚礼，新人统一乘坐公司大巴，而奔驰、宝马则留给员工的父母。每年公司组织所有员工的父母到广州做一次免费体检，帮助患病的父母联系医院，安排住院；帮助身体健康的父母组团旅游，报销来回交通费和住宿费。

在孩子教育方面，视睿科技创建 5 年后，当初年轻的创业者开始为人父母，所以它开始意识到幼儿教育的重要性。为了让视睿人的孩子拥有与国际接轨的教育环境，并可以尽可能与父母多在一起交流，公司专门成立了幼儿教育研究机构，并逐渐导入幼儿心理学、色彩学、人体工学等领域。绘画、篮球以及楼顶蔬菜园都是该校的特色。现已建成了0～3岁的亲子园、3～6岁的混龄幼儿园及针对国内幼儿教师培训的学校。公司设置的“其美儿童基金会”旨在为患有重大疾病的员工子女提供帮助。

视睿科技的薪酬制度，可以概括为以下几项：①薪资收入＝基本薪资＋绩效薪资＋工龄津贴＋年底双薪；②透明的薪资制度，每个人的工资和奖金都是公开透明的；③每季讨论一次薪资，员工可以随时对自己的或其他人的工资、奖金提出调整意见；④月度绩效工资：每月评定一次，根据当月目标完成情况而定；⑤特殊奖励：对公司的系统运营及管理方面提出有效建议，并因此产生相应的改善，公司给予激励及奖励；⑥补贴方面：包括父母补贴、探亲补贴、旅游补贴、节日补贴及通信补贴等。这家位于广州的公司在2017年1月登陆资本市场，不仅获得了企业所在领域的领先者地位，更获得了员工和员工家人们的赞誉和支持，在祝贺公司上市的留言里，一位员工的家属写道：“作为一名CVTE家属，深深地为它能够上市感到骄傲，就像一直期待着的愿望得到实现一样高兴。我常常感叹于一家如此庞大的企业如何做到让每一个员工甘心情愿地付出，让每一个员工家属安心让子女抑或兄妹为CVTE打拼，这都得益于CVTE优秀的企业文化。它把每一个员工看成自己的家人，同样把每一个员工的家人当作家人，集体婚礼、诱人的午餐、父母免费游、节日问候……那么优秀的一家企业，那么令人敬服的企业文化，能够上市没有理由！”

组织管理需要照顾到员工对生活品质的要求，因为工作和家庭之间冲突的问题会影响员工的健康和组织绩效。2014～2015 年，我走访过很多企业，包括欧洲、美国以及亚洲的一些企业，结果发现一个让我欣喜的现象：这些企业都设立了员工平衡工作与家庭的组织制度，都配置了员工照顾家庭的资源；与这些企业员工进行交流，大家对此都表现出极高的满意度和幸福感，也因此呈现出珍惜组织的情感来。

组织获得员工最佳工作绩效表现，可以从以下两点做出安排：一是建立积极的工作环境，让员工能够获得来自上司和同事的支持，减少工作与家庭平衡的压力，照顾到员工感受生活品质的要求；二是提供相应的福利和措施，例如员工能灵活安排自己的工作时间，在员工出现家庭问题时，上司给员工一些安慰。组织还可以提供诸如远程办公、弹性时间、工作共享、雇主支持的儿童和老人看护，以及产假、陪产假和探亲假等做法来帮助员工应对潜在的工作与家庭冲突。如果这样，员工对组织会产生较高的承诺，也很少有离开公司的意愿。

幸福组织

对于一个强调独立性的个体而言，“工作不创造幸福，但有助于得到幸福”，博德洛与戈拉克将工作解释为“员工获得幸福的一种媒介”之观点可以给管理者新启示。为了获得赖以生存的工资收入、实现自身的充分发展，人们选择了工作。然而，人们选择工作还存在着另外一种动机，就是希望能够从工作本身中获得幸福感。威廉·詹姆斯（William James）曾说："事实上，如何获取、如何保存以及如何恢复幸福是所有时代绝大多数人行为背后的动机。"

员工行为背后的动机也是如此，他们希望在工作中能够获得幸福感。员工幸福感是员工在工作场所中的积极心理健康状态，反映了个体在工作中的满意水平，是衡量组织员工心理健康的指标。在哲学上，存在两种幸福观：主观幸福感和心理幸福感，它们分别对应伊壁鸠鲁的快乐论和亚里士多德的现实论。主观幸福感是指个体根据一定的标准对其生活质量的综合性评价，是衡量个人生活质量的重要综合性心理指标。而心理幸福感则包含了行为和动机两个方面的内容，个体在工作情境下的幸福感主要有情绪体验和认知体验两部分：情绪体验包括焦虑和安适、消极和热情等；认知体验包括期望、能力和自主性。

最近几年，在企业管理实践中，已经有越来越多的企业开始关注员工幸福感并着手打造幸福组织。自 2009 年开始，中国最佳雇主调查已经显示，与幸福相关的话题成为参与企业的热点，员工的满意度、幸福感、敬业度被认为是评判最佳雇主的标准（见表 5-2）。概括地说，组织管理者如果能够充分发挥员工的智慧和优势，协调组织资源帮助员工获得发展、不断地追求生存优越和快乐，以满足员工不断提升的物质和精神需求，并促进组织利益相关者的幸福最大化，这样的组织被称之为幸福组织。幸福组织既注重人们的潜能和美德，又注重质和量的结合，同时又关注个人幸福与社会幸福、人类幸福的有机结合，实现组织可持续发展、员工幸福水平和社会效益的共同提高。

幸福的组织能同时兼顾组织、组织成员和社会三方利益，通过组织与成员内部能力的提升及其与外部环境的适应过程，实现组织的生存与发展。

表 5-2　中国最佳雇主评价指标

机构类别	评选机构名称	中国最佳雇主评价指标
国际机构	优信咨询	薪酬与发展机遇、工作特点、人际与文化、公司声誉与形象
	怡安翰威特	员工敬业度
	世界企业竞争力实验室	员工忠诚度、客户满意度、品牌美誉度、企业管理水平、自我创新能力、薪资激励体系
国内机构	中华英才网	薪酬福利、品牌实力、企业文化、职业发展
	智联招聘	雇主形象、组织管理、薪酬福利、培训发展、工作环境、雇主品牌战略
	中国雇主品牌论坛理事会	回馈股东、奉献社会、承诺员工

我和宋一晓针对腾讯和星巴克这两家多年获得最佳雇主的公司展开了研究，这两家公司的实践给了我们很大的启发。腾讯及星巴克具有共同的地方，也具有各自的特点。企业文化涵盖了公开公正的用人原则、有社会责任感、尊重个性等方面；工作环境不仅包括了物理环境，也包括了组织氛围、和谐的人际关系等方面；员工生活着重强调工作与生活平衡，从调查来看，员工对于工作与生活平衡的需求增加，一家好的企业，必须能够帮助员工有效地解决家庭、生活与工作的问题；福利保障则包括收入、福利等方面；培训发展考察企业对员工职业发展和规划方面提供的承诺，能够体现企业的育人理念（见表 5-3）。

表 5-3　腾讯及星巴克的五类组织支持资源

支持资源＼企业名称	腾　讯	星　巴　克
企业文化	愿景：最受尊敬的互联网企业；使命：通过互联网提升人类生活品质；价值观：正直、进取、合作、创新	使命：激发并孕育人文精神——每人、每杯、每个社区；理念：品质卓越（产品）；相互尊重（伙伴）；分享快乐（顾客）；社会责任（社区）；成功回馈（股东）
工作环境	轻松自由的人性化的工作环境，允许自由化装饰办公位，开放式休息空间，免费咖啡、茶饮及浴室等	尊重、信任、平等、配合，家一样的轻松、快乐的工作氛围
员工生活	圣诞晚会、文化日、嘉年华、Q歌Q魅、形象店、总办午餐日等娱乐活动以及各类文体协会	社区服务、公益活动、门店组织的其他娱乐活动（春游、唱K及集体烧烤等）
福利保障	薪酬激励：固定工资＋服务奖金＋绩效奖金＋专项奖金＋长期激励；福利：法定福利（五险一金）＋商业保险＋安居计划＋员工身心健康计划（EAP）＋员工带薪休假计划＋年度旅游、免费班车＋员工餐厅	无论全职还是兼职（每周20个小时或以上）都可以享受一系列薪酬福利项目：具有竞争力的薪资＋法定福利（五险一金）＋人寿保险＋医疗保险＋股票期权＋管理奖金计划＋星巴克商品折扣；星基金员工互助计划
培训发展	腾讯学院与HP商学院合作设计了一整套员工职业发展体系，管理和专业双通道发展机制；全方位的培训体系（专业培训、公开培训课程：业务介绍、行业趋势、职业心态及素质、个人兴趣及时尚等）	根据不同职位提供不同的职业发展机会；星巴克中国大学（虚拟大学）提供包括零售营运和其他部门的培训、咖啡和文化及领导能力等课程，并整合全球和中国的各类培训课程

从表5-3中可以看出，腾讯和星巴克在组织支持资源的五大板块中存在差异，各具特色。

在**企业文化**方面，腾讯强调一种正直、进取、合作、创新的价值观，致力于将企业打造成一所快乐活力型大学。而星巴克则突出将人文精神传递给每个利益相关者，以人文精神将员工、顾客及股东等相关者联系在一起。星巴克一直很强调企业文化，认为员工深刻认识并认同其企业文化是其更快乐地工作并为顾客提供更好服务的前提与保障。

在**工作环境**方面，为了给员工提供更加轻松、自由的环境以激发员工的创造力，腾讯为员工提供了舒适的工作环境，所有这些组成的整体工作氛围都突出了自由与开放。例如，在开内部讨论会时，品牌经理可以选择任何舒适的方式，甚至坐在办公桌上发表言论。而星巴克为了保证为顾客提供可期性的产品与服务，其员工需要遵守严格的工作流程与规范。它侧重塑造的是一种互相尊重、互相信任的团队精神。例如，星巴克店长与店员均统一着装。

在**员工活动**方面，腾讯为员工提供了各类娱乐活动，除了圣诞晚会、文化日、嘉年华等活动，还有各类协会，例如舞蹈协会、乒乓球协会等，甚至还配备有专门的游泳池。星巴克的员工则主要以门店为单位进行活动。为了回报社会，星巴克会组织员工参加社区服务，例如探访社区敬老院等，此外，门店会不定期组织员工进行诸如唱 K 等活动。

在**福利保障**方面，除了提供在各自行业中较有竞争力的薪酬外，两家公司的特色又不尽相同。例如，考虑到年轻人的住房梦，腾讯自 2011 年开始创造性地启动“安居计划”，在 3 年内投入 10 亿元为首次购房的员工提供免息借款。工作满 3 年的员工均可申请免息借款。星巴克则开创性地为每周 20 个小时或以上的所有员工提供医疗保险以及获得咖啡豆股的机会。此外，星巴克还为员工提供卫生福利、员工扶助方案、伤残保险，这在同行业中极为罕见。这种独特的福利计划使星巴克尽可能地照顾到员工的家庭，对员工家里的长辈、小孩在不同状况下都有不同的补贴办法。例如，当员工家庭遭受自然灾害时，星基金会视情况予以一定的帮助。

在**培训发展**方面，两家企业都建立了企业大学，致力于为员工提供更好、更全面的培训及职业发展体系。腾讯学院与HP商学院合作设计了一整套员工职业发展体系、管理和专业双通道发展机制以及包括专业培训及公开培训的培训体系。星巴克则提供包括零售营运和其他部门的培训、咖啡和文化及领导能力等课程，并根据不同岗位提供不同的发展机会。

在服务用户的同时，腾讯在人力资源管理方面也一直创新性地服务自己的员工，将员工称为"内部客户"。而在星巴克内部则一直秉持"没有员工，只有合伙人"，每一个员工都被称为伙伴。除此之外，两家企业还特别关注企业所在的行业特征、领导者价值观建设以及员工特质三个前提条件。

行业特征

互联网行业变化频繁、竞争激烈，员工必须面对很大的压力与挑战。作为互联网企业的腾讯一直积极探索让员工"工作并快乐"的有效途径。首先，要让员工充满责任感与使命感，让员工能够感受到拥有共同的事业与使命，这就需要企业文化的宣贯。其次，一个好的雇主应以人为本，给予员工一个相对独立与自由的空间，使员工能够更好地激发创意并进行有效的沟通。创造对于任何企业都很重要，尤其是互联网企业的产品日新月异，必须保持持续的创新才有可能保持领先。不同于腾讯，顾客进入星巴克消费就是基于其"可期性"——星巴克的服务是可以期待的，顾客能准确知道将品尝到什么样的产品、享受到什么服务。按照星巴克的要求，无论在哪里，每一家门店都要一样，提供统一口味的咖啡、热情的微笑，并拥有共同的价值观。为了保证产品与服务的品质，星巴克员工的工作流程必须保持高度的标准化。星巴克着重提供那些能够体现公司对员工关怀的资源，营造愉快的工作氛围，这是因为只有快乐的员工才能为顾客提供更好的产品与服务，才能将快乐传递给顾客。

领导者价值观

被员工称为小马哥（Pony）的腾讯 CEO 马化腾是个崇尚共享、自由精神的人，并不会单纯强调“我”的价值，明白团队的意义。他曾多次说：“对于腾讯来说，业务和资金都不是最重要的。业务可以拓展、更换，资金可以吸收、调整，而人才却是最不可轻易替代的，是我们最宝贵的财富。”正是出于对员工的关注，仅仅是在校招员工方面，腾讯投入的薪酬、福利、教育、培养等资源，保守估计 3 年已经超过 10 亿元。而作为一家最受尊敬企业的 CEO，舒尔茨在其第一本著作《将心注入》中说道：“父亲一生勤奋却一无所成，并且得不到雇主的尊重。”因此，舒尔茨一直希望当自己能够决定局势时，创建一家让员工感到尊重和信任的企业。他认为，只有当企业有良好的价值观，秉持“员工第一、顾客第二、股东第三”的信念，才能通过员工的服务为顾客创造一流的消费体验，最终为股东赚钱。这也就是为什么星巴克在经营状况不好的时期，舒尔茨依然不顾董事的反对坚持为员工提供医疗保险，包括临时工在内。

员工特质

新生代员工具有高度成就导向和自我导向、注重平等及漠视权威、追求工作与生活的平衡等工作价值观特征。腾讯拥有一大批年轻活力、富有才华的知识型员工，较强的好奇心、学习力及内驱力是他们的共同特征。对他们而言，工作绝对不仅仅是谋生的手段，他们更希望能从工作中获取成就感，实现自己的价值。腾讯的人力资源管理实行“内部客户制度”，将员工视为公司的内部客户，用产品经理的思维去做 HR 的政策，关注用户的体验与反馈。这种“客户导向”的方式能够根据员工的不同需求制定人力资源管理政策。同样，星巴克的员工大部分也是新生代员工，他们特别看重工作的有趣性及成就感。在大部分中国人看来，做咖啡店的员工并不算是高端的职业，但星巴克采用的“合伙人”制度使所有伙伴都有一种“与有荣焉”的荣誉感。在人力资源管理设计上，星巴克在重点满足生理、安全、尊重等层面的需要后，致力于员工自我价值的实现。它向员工传递这样一种信息：只要肯努力并抓住机会，每一位员工都有更上一层楼的机会。

腾讯和星巴克两家企业的实践表明，幸福组织的建设要求管理者以幸福为终极目标来管理组织以最终实现员工的幸福。幸福组织既体现了现代商业对于人性的回归，同时也是对于员工“更追求内心的快乐，更重视有趣的工作，而不只是金钱”的工作价值观变化所做出的回应。这两家企业和其他一些优秀企业的实践表明，可以从企业文化、工作环境、员工生活、福利保障、培训发展五个途径来实现幸福组织的构建，同时还要特别关注三个前提条件：企业所处的行业特征、领导者价值观以及员工特质。

第四项：授权各级员工

2016 年 11 月，华为高级顾问田涛在剑桥大学嘉治商学院“全球商业领袖”论坛的演讲中提到，华为的制度核心就是“分好钱，分好权，共享成就感”。田涛在分权机制设计中介绍：“华为是一家知识密集型的企业，95% 以上的员工都接受过良好的大学教育。校园是培植雄心、野心的地方，剑桥这个地方就在过去 800 多年的历史中培养了一大批影响世界、改变人类命运的伟大人物。因此，我们必须认识到，知识劳动者在追求财富自由的同时，也有着强烈的掌控欲、权力欲，权力是他们实现个人成就感的工具和权杖。华为是一家权力充分释放、充分开放的公司，一大批二三十岁的年轻知识分子占据着华为从下到上的权力走廊，即使是今天 50 岁左右的公司最高层领导者、管理者，他们在 20 年前，也都拥有很大的权力。”

华为创始人任正非先生说：“我是在生活所迫、人生路窄的时候，创立华为的。那时我已领悟到个人才是历史长河中最渺小的，这个人生真谛。我深刻地体会到，组织的力量、众人的力量才是力大无穷的。人感知自己的渺小，行为才开始伟大。”在他看来，组织的力量、众人的力量是力大无穷的。“也许是我无能、傻，才如此放权，使各路诸侯的聪明才智大发挥，成就了华为。”任正非先生认为华为有今日成绩是“15 万员工，以及客户的宽容与牵引”，而他不过是“用利益分享的方式，将他们的才智黏合起来。”他对于组织的认同已经不仅仅是使命感或者责任感，他没有将自己放在组织的顶部，他做得更多的是托起这个组织，并用组织的整体力量成就华为。

同样拥有骄人业绩的碧桂园集团，也把向各级员工授权作为驱动企业成长的主要因素之一。在碧桂园的官网上，杨国强主席在2017年元旦致辞中写道："有人才才有天下！"2013年，碧桂园拟就一项"全球30%硕士，70%博士"的新招聘计划。这项计划深刻地影响了杨国强，促使他做了一个新的决定——启动"未来领袖计划"，在全球广招名校博士。碧桂园对这些人才许以高薪和高职业前景承诺，其力度与广度，为中国地产行业所罕见。正是对于人才的关注与推动人才的成长，碧桂园在2016年创造了销售收入超过3000亿元的业绩，这在中国地产行业也是十分罕见的。

授权给各级员工，是推动企业成长的根本动力，实现这一点需要做出两个部分的努力：鼓励试错行为和打造自组织。

鼓励试错行为

这是一家非常值得大家学习的公司，名字叫亚马逊。2016年4月6日，根据国外媒体报道，亚马逊CEO杰夫·贝佐斯发布了年度股东信。在这封信里，贝佐斯希望股东相信，亚马逊目前的各种尝试将带来回报。贝佐斯指出，亚马逊计算平台AWS已经成为公司一块重要的业务。AWS从10多年前起步，而目前年营收将达到100亿美元，这一发展速度比亚马逊电商业务更快。贝佐斯表示："在我们起步之初，许多人认为亚马逊很大胆，甚至认为这是赌博。'这与卖书有什么关系？'我们当时有可能陷入这样的纠结中，但我很高兴我们并没有这样。"他表示，亚马逊"在允许失败方面是全球最佳的公司"。

虽然外界认为亚马逊做的很多业务之间没有关联，但是在贝佐斯看来，亚马逊的各个业务之间有一定的关联，揭开表面，各业务之间的差异并不大，它们共享着独特的组织文化。他说："这一文化深信几条原则，并在此基础上展开行动。我所说的包括：关注用户而非竞争对手；渴望创新及探索；愿意失败；对长期发展保持耐心以及关于卓越运营的职业自豪感。"

正如贝佐斯所说的那样，亚马逊的独特之处之一在于它如何面对失败。贝佐斯认为，亚马逊应该说是"全世界最能包容失败的场所，而失败和创造性是不可分割的孪生兄弟"，甚至亚马逊被人们评价为，一家收入 1000 亿美元速度最快公司的秘诀就是：允许失败。

在现实中，大部分企业都会接受关于创新的理念，但是并不愿意承担在实现创新过程中的一系列失败。一个最明显的道理是，创造本身就内含着尝试、未知、冒险以及失败。为什么很多公司无法创造新价值，究其根本原因就是无法包容失败。最近一个时期有关贾跃亭和乐视的新闻特别多，乐视在创造和尝试做新东西，能够承受压力并持续去挑战自己，在内部形成了不断试错、纠正后继续前行的文化；乐视也在"蒙眼狂奔"的路上，不忘自己的战略和追求。如果这些努力真正在为顾客创造价值，并且能够让顾客感受到，虽然有风险，但是乐视还是一家值得支持与期待的公司。

如何让一家公司能够包容失败，鼓励试错行为，需要从公司决策及机制方面做出改变，第一，**授权决策**。大部分企业决策都是一个理性的过程，其本身要求拥有"充分的信息"，方法正确，保持谨慎，循序渐进并且深思熟虑，更重要的是要征询各方意见，以确保风险可控。这个决策过程是大部分管理者所熟悉的，我也不认为其有什么错误。这样决策最可能得到的结果是，人们为了证明决策的正确性，会不断维护这个决策，使得其结果不可调整、不可逆转。现在的问题是，企业实际经营的环境与决策过程及结果之间存在冲突，因为环境是多变的，决策过程无法拥有“充分的信息”，同时决策参与者可能也无法拥有对未知领域做出判断的能力。更重要的是，决策本身必须是一个可变、可逆的过程，这样才可以保证决策与环境不确定性相匹配。所以，需要授权给一线员工，让其直接能够做出判断，或者授权给担当责任的人，使其能够迅速做出决策并承担结果。第二，**建立试错机制**。有米科技的创始人陈第是一个80后创业者，他带领的公司最高市值达33亿元。我请教他公司如何保证开发新产品成功，他的回答很有意思：“公司无法保证开发新产品成功，我们采用的方式是，不断试错，纠正，然后迭代。有米科技的做法是，任何一个新产品开发都要求一月内到市场上测试，如果一个月内顾客反响活跃，这个新产品会继续开发下去，如果一个月内顾客反响不活跃，公司会立即关闭这个项目，项目组成员自动解散，然后组建新的项目。”从陈第这里，我知道传统的企业为什么无法与新兴的企业相竞争，因为大部分传统企业是不允许错误的，一旦项目失败了，就无法再有机会设立新项目。而新兴的企业不会这样，它们愿意尝试新东西，市场证明错了，马上调整，进入另一个新项目，失败在这些公司里属于正常现象，也正是试错机制，使得这些公司保持了创造力。

打造自组织

许多人都喜欢《帝企鹅日记》这部电影，从中，观众会发现企鹅没有领导人。有意思的是，企鹅怎么知道自己要往哪里走呢？这正是人类团队和自然界团队之间的本质区别。答案是：没有哪一只企鹅知道要往哪里去，但当它们作为群体一起前进时，就知道要往哪里去了，这就是团队智慧，也是生物团队的一个重要特征。实际上，自组织现象广泛存在于自然界和人类社会中，它着重强调在一定条件下，组成系统的各个元素，不需要外界特定的干预，便能够自发组织起来，相互协同作用，最终使系统在宏观上表现出一种有序的状态。那么，组织应该如何通过学习，变得像这些生物团队一样“自组织”呢？

所谓自组织，是指特定的组织、企业、个人，以特定的目的、兴趣、利益等自发聚集形成团体、组织的现象。自组织没有严格的管理规则，成员没有明确的边界和严格的归属。自组织具有快速发展、无边界复制的特性，其骨干成员忠诚度较高。正是这个组织特点，让自组织深受新兴组织以及员工的喜爱。自组织是一个系统内部从无序到有序的过程，这一过程形成新的治理模式，有别于建立在交易关系上的市场治理，或者建立在自上而下权力关系的层级治理。自组织是建立在因情感、认同、共同事业、共同兴趣而有的信任关系上。

由于自组织是一群人基于关系自愿的原则主动地结合在一起的组织形态，它有一些独特性。具体而言，自组织的特征体现在以下四个方面。

特征一，扁平化、无边界的结构特征。在自组织当中通过运用诸如跨层级团队和参与式决策等结构性手段，逐步消融组织的纵向垂直边界，从而使层级结构扁平化。同时，通过跨职能团队的工作活动等方式，消融组织的横向边界。另外，通过与供应商建立战略联盟，或者通过用户与企业的互动等方式削弱或取消组织的外部边界。比如小米的自组织方式，从内部管理一直延伸到与客户进行互动，市场、产品也以自组织的方式迭代进化（见图 5-1）。

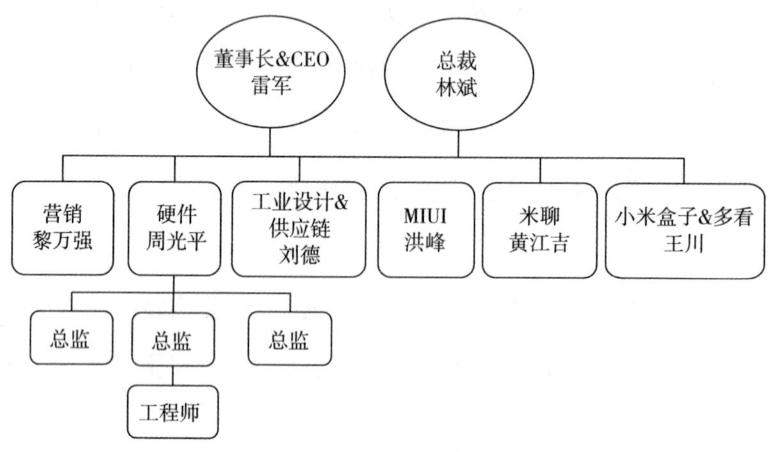

图 5-1　小米公司的组织结构图

特征二，去中心化的流程特征。传统企业的组织形式采用集权命令链方式，各项决策的源头均来自顶层管理者。当管理者处理决策信息量增大或者专业度不足时，可能导致决策的延缓或错误。自组织采用的是去中心化的形式，去中心化是将决策权下放，让组织内部的末级拥有更多的决策权。去中心化趋势的最终目标是个体的自我决策，以及个体与个体间的协同共建，成为组织扁平化的推动力量。

特征三，去 KPI 化和利益分配透明的奖惩特征。KPI 承载了奖金、晋升等多种职责，驱使员工为了上级制定的指标服务，而不是为了解决客户需求服务。在传统的治理结构下，公司老板和员工是雇用关系，老板希望以更低的成本获得更高的回报。在此结构下，企业利润更多地属于股东价值回报。自组织采用公开和透明的奖金机制，带来的是员工的公平感，所以会以顾客价值为导向，并强调真正的公平。

特征四，甄选是人员层面的特征。甄选是组织在明确目标下，识别并招募那些能力匹配和认同企业价值观的人，同时识别和淘汰不符合能力和价值观要求的人。甄选的出发点是基于明确目标与价值观的吸引聚合，而不是过多地寄希望于后期的灌输、改造。在甄选的标准中，除了硬性的技能要求外，员工的自我驱动和管理能力也是一个非常重要的指标。如果简单地找来只有技能但毫无动力的人，或者不具备创新精神的人，团队就无法运行自组织模式。另外，甄选的理念与方法不仅要贯穿于入职招募过程中，也要时时刻刻贯穿于人才的使用和考核当中。

授权给各级员工的途径和方式还有很多，不会仅限于这里所介绍的内容，我相信每家企业都会寻找出适合自己的方式。最需要提醒的是，员工成长以及能力释放，最好的途径是得到授权去承担责任。当一些企业创始人问，怎样才能让员工成长起来时，答案其实很简单：让员工有机会承担责任，有机会得到资源去担当责任。

第五项：创造可见绩效

组织能否经受住考验，则要看它能否让普通人取得成效。在我看来，组织就是“让本不能胜任工作的人可以胜任”，这是组织最强大的力量，也是组织最具价值的地方。组织有能力让其成员应对不确定性，坚定成员面对挑战的信心。这种信心的来源，不是理念，而是可见的绩效，所以组织必须建立起一种如彼得·德鲁克先生所倡导的“绩效精神”（spirit of performance），必须为每一个组织成员提供获得绩效的空间，设计让组织成员取得绩效的路径和方法。让每个成员获得绩效，其关键是让组织具有顾客立场，为员工提供资源，关注机会而非问题。

顾客立场

最近几年IBM的研究报告认为，市场已经过渡到重构前端业务上来。以往，企业注重的是产品和企业内部能力，比如企业管理者特别注重对产品、技术、成本以及规模的理解。但是今天企业管理者必须转移方向走到前端去，必须回到与顾客之间的界面上。华为做手机可以让顾客触摸到华为，手机业务是华为的前端业务线能力。很多企业谈转型，但到底要转到哪里去？大家有很多内容可以讨论，比如战略转型、业务转型或者财务转型，又或者是组织转型、增长转型。所有这些转型都需要回答一个根本的问题：转到哪里去？答案很明确，回到顾客那里，才能真正转得过去。

以顾客为目标，这不是一个很简单的理念和追求，这需要企业所有的工作都必须以顾客为中心。新希望六和进行企业转型时，在两个纬度上做了基本的反思，第一个纬度是对行业和顾客的理解，公司是不是真的与顾客在一起。在产业规律和顾客期望之间，要找到成长的路径就必须知道发生了什么变化。第二个纬度是整个产业当中你的价值贡献在哪里。对于这两个纬度，企业管理者需要时时关注并做出判断。

这种转变需要企业管理者由关注内部成本、内部组织绩效与考核，转向关注合作绩效、成长和推进。这种转变也导致企业关键要素发生了彻底的改变，其中一个关键要素就是，企业之间不再是一种贸易与贸易的商业关系，而是一种数据与技术标准的交流。这就要求价值链环中的所有成员要保持一致的追求方向和共同的工作方法，保持一致的产业理解，即一定要回到顾客那一端。

如果回看柯达、诺基亚等曾经辉煌的企业被淘汰的过程，你就会理解这一点。这些大企业被淘汰，从某种意义上讲，就是因为它们离顾客越来越远，并不是由技术改变造成的。事实上，淘汰企业的从来不是技术，而是顾客，你只要离顾客远了，肯定就会被淘汰。所以，我一直坚持“顾客价值”是经营的四个基本元素之一，围绕着顾客价值才会有另外三个经营的基本元素——成本、规模以及盈利的价值。

如果要获取经营上的价值，首先要为顾客创造价值。顾客价值的定义是什么？顾客价值并不能够用概念来诠释，它是一种思维方式、一种行为导向。如果你具有顾客价值的思维方式，你的行动方案就会更加有效。我举个小例子来说明这一点。有一次我参加了一个论坛，想不到在播放大会主题片子时出问题了，音响系统全停了，会场的灯也都灭了，只有大屏幕上的画面还在继续播放。重要领导和嘉宾坐在第一排，安静等待问题解决，工作人员被吓得一身冷汗。工作人员焦急地在查找原因，十几分钟过去了似乎还找不到原因，整个会场都在等待，甚至有嘈杂的声音开始出现。我当时在想，现场的领导和嘉宾最需要的是什么，就是听到声音，有没有电没有关系，屏幕在，声音在，就可以。于是我走过去和工作人员说，你就照着屏幕的字念，大家听到声音就可以了。工作人员马上按照我的建议去做，结果整个会场安静了下来，等会场恢复电力时，全场响起热烈的掌声，我相信那一刻大家都松了一口气。论坛结束后，工作人员把复盘这件事情的结果告诉我，他们发现当问题出现时，他们急于去寻找产生问题的原因，但是忽略了听众最关心的是什么，结果在现场找不出解决的方案，这就是我讲的顾客思维。

成本、规模会让盈利这三个经营的基本元素，都与顾客价值直接相关。衡量成本的标准依然是顾客的期望而非其他；规模的大小真的不重要，因为规模本身与顾客没有直接的关系，并不是越大越好；盈利一定要有人性关怀，拥有人性关怀的盈利，才可以真正创造价值。为什么苹果 iPhone 出现时，会有那么多人喜欢，因为它更完美地保护了顾客的体验。

回到顾客端，需要关注以下几个关键问题：第一，是不是真正以顾客为中心？有一次到一家企业交流，老板很开心地告诉我，公司找到了一句最能表达顾客价值的传播用语："对待顾客要像上帝一样。"我问他：公司有多少人了解"上帝"？他说应该都不了解，我说如果不了解，又如何去为顾客服务呢？他说他明白了，最后改为"对待顾客要像对待朋友一样。"改成这句话，员工都懂了，也就可以真正为顾客服务了。第二，顾客真的需要最低的价格吗？顾客需要的是价值，而不是价格。第三，能不能为顾客增值？你增加的价值和创造的价值是什么？事实上，只要站在顾客立场，可以增值的地方非常多。第四，是不是真正能把顾客价值传递到顾客的手中？一些人担心，当价值全部给顾客时，公司就不能盈利了？这是我被问到最多的问题。

答案是：不会。如果能够把价值传到顾客手中，你就真的成功了。第五，顾客是不是真的满意？企业与顾客建立忠诚关系，才是最重要的。第六，也是最后一个问题，公司能不能变大？其他人还有没有机会？答案是，没有企业大到不再增长，关键是能不能跟顾客在一起。

为员工设计绩效

2009 年，华为内部开展了组织结构和人力资源机制的改革，确定了“以代表处系统部铁三角为基础的，轻装及能力综合化的海军陆战队”作战队形，培育机会、发现机会并咬住机会，在小范围完成对合同获取、合同交付的作战组织以及对中大项目支持的规划与请求。“铁三角”的精髓是为了目标打破功能壁垒，形成以项目为中心的团队运作模式。相应的流程梳理和优化要倒过来做，即以需求确定目的，以目的驱使保证，一切为前线着想，共同努力地控制有效流程点的设置，从而精简不必要的流程、不必要的人员，提高运行效率，为生存下去打好基础。权力的重新分配促使华为组织结构、运作机制和流程发生了彻底的转变，每根链条都能快速、灵活地运转，重点的交互节点得到控制，自然也就不会出现臃肿的机构和官僚作风，这是华为打造的内部价值网络。

组织如何解决资源向承担绩效的人倾斜，向顾客倾斜？华为提供了一个解决方案，让内部的资源可以有效集聚在市场一线和面向顾客。从华为的实践成效上看，内部价值网络帮助华为员工成为高绩效的员工，也保证了华为的高增长。管理者如何为员工提供资源，打造让员工获得绩效的平台，在保障组织成长中至关重要。

为员工提供给资源，首先表现在为员工提供一个能够获得绩效的岗位上，把员工放在合适的岗位上，他才有可能产生绩效。如果一个人在某个岗位上无法获得好的绩效，管理者就要考虑是否自己对他的安排不当。我曾经经历过这样的事情，在我做咨询顾问的企业里，有一个员工总是无法获得绩效，而且每个内部组织单元都不愿意吸纳他成为其中一员，觉得他是拖累团队绩效的负能量。当老板把这个员工交给我，希望我来解决这个问题时，我发现其实是没有给他一个胜任的岗位。这个员工有两个非常明显的长处：一个是可以很快觉察出别人的问题是什么，另一个是有很强的说服力，可以说服别人接受他的观点。我针对这个员工的两个长处，安排他去顾客投诉部门工作，很快他就成为公司内部绩效最高的员工之一，因为他可以很快明白顾客投诉的问题出在哪里，然后把关键点交付给后台，同时他可以很快与顾客沟通，并达成共识，一起来解决问题。

所以，如果一个员工无法获得绩效，问题有时并不在于员工本身，很可能与员工所处的岗位职责不匹配有很大的关系。我在《管理的常识》一书中阐述了这个观点，并坚持员工的绩效是由管理者决定的。彼得·德鲁克先生在《管理》一书中写的关于马歇尔将军的故事，也表达了相同的观点。第二次世界大战期间任美军陆军参谋长的乔治·马歇尔是一位要求严格、绝不让步的上司。他不能容忍平庸，更不能容忍没有绩效。他经常说："我对士兵和他们的父母负有责任，对国家负有责任，必须立刻把达不到最高绩效标准的指挥官调走。"但他也经常说："把某人安排在那个不合适的职位上，那是我的错误，所以想清楚应该把他安排在哪里是我的职责。"这在很大程度上能够解释，为什么美国陆军在参加第二次世界大战后的短短几年内就培养出了一批杰出的军事领袖，要知道这些新晋将军在参战时没有一个是已经进入司令部任职的。

关注机会而非问题

在管理过程中，人们常常会特别关注问题，并把组织的焦点聚集在问题上，其实这是一个极为错误的行为。比如，管理者如何开会？如果你仔细观察，会发现很多公司的会议都是问题导向的——只要有问题，就召开会议，也正因为如此，企业内部的会议非常多，另外，问题层出不穷。正确的做法是，会议是行动方案导向的，也就是有问题不需要开会，而是明确行动方案才开会。因为讨论问题的会议往往很难达成共识，同时会耗费时间，需要多人参与，这对解决问题而言，不是最好的解决方式。要知道，理解和判断问题应该是回到问题发生地，而不是在会议室，所以会议对于问题而言，不是最好的解决路径。

我曾经与同事分享对“刺猬观念”的认识。关于刺猬的认识，在赛亚·伯林（Isaiah Berlin）私人信件中，阿尔凡·哈维特持如下观点：“基本上每个人都可以被划为‘狐狸’或‘刺猬’中的一种。刺猬的生活形象化地代表以下观念，以某个观点来认识现实，并以此观点为中心来‘感受’现实中的一切，包括自己的俯仰呼吸、喜怒哀乐。总之，可称为万事诉诸某观点的‘归位狂’。”

我很深切地感受到组织内部这种“刺猬观念”所表现出来的种种行为习惯，对问题、现象、改变，习惯性地基于自己的立场，用自己的准则和经验去做判断，为了佐证自己观点正确，只是选取局部数据以及片面案例；遇到不同的观点、不同的意见，采用守护自己立场的方式，而不是开放、包容地理解与接收，就如刺猬一样，先把自己保护起来，同时展开尖刺让对方无法接近。

管理者不要总是分析问题，总是花费精力去寻找原因，我甚至反对去做“对标”，因为这些管理者做事源于“刺猬观念”。分析问题、寻找原因、采用“自我立场与自我认知”对标，这种分析与对标没有任何意义，因为所做的一切只是为了印证自己正确。这种分析和对标，虽然有数据、有判断、有依据，但是得出的结论没有意义。究其根本，是管理者依然从自己的观点和立场来做判断，“自我印证”的分析和对标又有什么意义呢？

对于组织绩效而言，关键不在于问题，而在于机会。也就是说，管理者应该聚焦于机会，坚持结果导向，寻找可能的机会以获得绩效。很多时候，我用这样的观点来审视自己以及我所合作的管理团队，不难发现，那些陷入问题中的管理者，很难获得成效，而那些让复杂问题简单化，想办法不让自己陷入问题中的管理者，反而能够取得成效。因此，请大家关注机会而非问题，这是获得绩效的有效途径。

第六项：合作主体的共生系统

顾客、员工、股东是公司的核心构成要素，这是人们的基本认知。今天企业的核心构成要素改变了，增加了五个新的要素：供应商、制造商、终端零售商、中间商以及用户，我把集合所有这些要素的企业称为“价值共同体”。“价值共同体”作为一种新的企业范式，对企业管理者的要求改变了，突出体现在以下四个方面：①发展建立与共同体价值成长的使命和战略；②采用合作式的商业流程；③获取有关顾客、用户和市场的知识；④决定完成使命所需要的工具。达成这些新要求，组织管理者需要从开放平台、构建价值共同体以及建立生态逻辑三个方面去努力。

开放平台

最近一本关于 7-Eleven 的书给了我很大的启发，这本书全面介绍 7-Eleven 的发展历程，以及对零售本质的理解和判断。在互联网技术冲击最大的零售行业里，7-Eleven 保持了自己的强劲增长，甚至效能超过阿里巴巴，真的令人侧目。我先把在这本书上的一些关键点摘抄给大家，让大家对 7-Eleven 有个初步的认识。书中介绍：7-Eleven 日本公司有 8000 多名员工，2016 年创造了近百亿人民币的利润，人均创造利润接近 120 万元人民币，堪与阿里巴巴比肩。后者 2016 财年 3.6 万多名员工创造了 427 亿元利润，人均创造利润 117 万元。在日本经济的严重衰退中，7-Eleven 日本公司从 1974 年创立以来，仍然保持了连续 41 年的增长势头。

7-Eleven 在全日本开有 18 572 家连锁店，其中直营店只有 501 家，每天有超过 2000 万人次光顾 7-Eleven，享受 24 小时全天候和全渠道的便利服务。看到这里你一定会觉得 7-Eleven 的确做得太好了。不过更厉害的部分体现在下面这段话中：**7-Eleven 基本没有自己**

的直营商店，也没有一家工厂是自己的，更没有一个配送中心是自己的，却成为一家近百亿人民币利润的零售企业。这是为什么呢？首先7-Eleven不仅是一家商店，更是一个具有互联网基因的共享经济平台。在很多人的眼里，7-Eleven就是一家传统的便利店，但是真正让人惊讶的是，7-Eleven是一家比任何一家互联网公司更具有互联网特征的公司，比任何一家强调自己是共享经济平台的公司，还具有共享经济平台的特征，更重要的是，取得了骄人的绩效。

7-Eleven是一个特许加盟连锁的利益共同体，更是一个命运休戚相关的命运共同体。作为日本零售业最大的B2B共享经济体，7-Eleven构造了一个相互依靠的生态系统，用自己独特的价值主张，为每一个合作伙伴打造了一个共享的平台。7-Eleven日本公司，只聘用了8000多名全职员工，其余人员全部都是加盟店、制造商和供应商的雇员。7-Eleven日本公司在已经开店的区域中设有171家专用工厂，几乎所有工厂都是由制造商或供应商投资，以高频率将商品配送到各加盟店的150多个物流中心，配送车辆也是如此。然而，7-Eleven却可以建立全球最有效率的共同配送系统。整个共享经济平台的从业人员总数超过40万，其中在加盟店工作的超过30多万人，服务于工厂、物流配送的人员有10多万人。共同配送系统打破了制造商和企业之间的高墙，并且跨越了商品品类的框架，组成了共同配送的体系。

7-Eleven既是共享顾客的平台，也是共享信息、共享物流、共享采购和共享金融的平台。7-Eleven作为一个共享经济平台为所有参与方创造了巨大的商机。亚洲最大服装零售商优衣库线上的订单，可以到日本大部分7-Eleven商店自提，这极大地方便了顾客，消费者不用在家等收快递，可以就近选择离家或者办公地方最近的 7-Eleven 便利店进行收货。

钱德勒说工业资本主义时代的原动力是规模经济与范围经济。那么，现在互联网时代的原动力是什么？就是平台。Interbrand 每年都会评选“全球最佳品牌”，而苹果、谷歌和亚马逊的品牌价值是近几年增长最快的。在最好的 31 家公司中，有 13 家是平台化企业，它们都拥有自己的生态系统，而另一些互联网企业则受平台企业的严格制约，这只是商业趋势的一隅。在现在世界上排列前 5 的企业中，有 3 家是平台化企业，这种形式的企业优势在 10 年里的发展是平稳上升的，而且越来越显著，挤占了诸如能源、金融等传统企业的领先位置。如今，在整体经济下行、企业内涵式增长愈发受限的经济背景下，越来越多的大中型企业已开始思考利用平台化战略在企业内部进行二次创业，帮助企业突破增长乏力困局。

平台化组织必须完成相关业务市场机制的设计，以实现平台资源对外开放及外部力量的引入。在这一层次上，企业搭建平台时有两个选择方向：第一，**对于具备突出相对竞争优势**（如产品标准化、创新、供应链管理、品牌影响力）**的企业，可选择搭建跨界型、外向型平台，**将核心优势资源对等为平台价值，并设计市场机制将平台价值与外部共享，通过对外部企业开放平台实现资源的互换、合作，以更低的成本实现产业链延伸、跨界合作。第二，**对于具有一定竞争优势，但优势不明显的企业，可选择搭建面向现有行业的整合型平台，**通过总部平台对下属经营单位提供服务，并通过市场化的交易机制设计，明确集团总部与各业务板块之间、业务板块之间及业务板块内部的利益分配、内部交易机制，以合伙人改造的方式大规模整合行业内企业、团队，形成众多扁平化、自组织的经营单位，将经营重心下沉，释放组织整体效率。

构建价值共同体

企业经营者对“价值链”概念及意义已经相当熟悉，企业要生存和发展必须为各利益相关者创造和传递价值，而创造和传递价值的过程可以分解为一系列互不相同，但又相互关联的经营活动和管理活动，这些互不相同又相互关联的经营活动和管理活动链接起来，就是价值链。价值链理论使企业建立了内外部产业价值链和商业价值链的思维空间，使企业不再仅仅把眼光近距离地放在上游供应价格与成本、下游流通价格与收益上，而是放在整个价值链的成本、效率和价值创造活动上，进而企业的价值链能力不仅是企业的内在能力，而且包括企业的外部竞争力。

尽管价值链管理使越来越多的企业开始重视战略价值、战略价值链和价值链活动的优化，但是很多企业管理者依然只关注企业自身的价值获取，并没有真正去创造整个价值链的价值。2004 年，我为此写过一本书——《争夺价值链》，希望唤醒大家对于整体价值链创造的关注，而不是争夺价值链。即便是在今天，大部分企业还未真正理解整体价值链的意义，这导致中国很多行业处在产能过剩、价格竞争、行业附加价值极低的残酷竞争之中。价值链管理并没有改变专注股东价值、“以我为主”的商业主位思维，特别是处于产业价值链中的主干公司，其“赢者通吃”的控制性市场战略从没有发生改变。更令人遗憾的是，在价值链条中，“消费者”一直处于缺位状态，消费者作为企业价值创造者的角色似乎并未存在。

今天，封闭、自在的价值链管理越来越不适应开放、灵活的网络性。许多企业尤其是互联网企业正是因为打破价值链的封闭循环，建构开放性的价值网络，从而短道超车，异军突起。奇虎 360 用贴心的永远免费链接了广大普通网民，打败了各路升级收费杀毒软件；阿里巴巴用不断进化的平台认证加服务链接了厂商、营商、用户、物流、金融等，让所有主体找到了存在的价值，并扩展了自己的价值；在阿里巴巴、京东、亚马逊等电商的冲击下，实体百货、线下零售遭遇了巨大的挑战；小米手机用互联网的方式开展手机的用户设计、网上营销，拒绝传统烧钱广告，吸引了无数人，引“米粉”竞折腰，用最快的速度成为中国手机市场上数一数二的品牌。

由于顾客需求的增加、国际互联网的冲击以及市场竞争日趋激烈，企业应改变经营事业的设计，将传统的供应链转变为价值共同体。在很多成功的新商业模式中，一个明显的特征是构建价值共同体，将客户个性化要求与高效的供应体系相连接，利用计算机技术实现合作各方的无缝连接，以高效率提供解决方案。价值共同体涵盖了企业自身、客户、市场对手、联盟伙伴等多重经济关系的网络体系。它表现为三种基本形式：客户为核心的价值创造网络、生产企业为核心的合作关系网络、以网络主体间关系为核心的竞争关系网络。

7-Eleven 就是如此构建自己的价值共同体的，全日本的 1.8 万多家加盟店和 7-Eleven 总部不仅是传统的利益共同体，更是长期抱团的命运共同体。不分企业内外，超越产业之间的区分，实现协调合作的共有化原则包括以下六个方面：共享观念、理念和思想，共享具体目标和目的，共享顾客，共享信息，共享系统，共享经营成果。铃木自创业以来一贯坚持“时刻站在顾客的立场上思考与行动”，并以此为根本，毫不动摇。不论处理与加盟店的关系还是与供应商的关系，他都坚持这个原则。他认为理念和思想迥异的人无法组成团队，就算理念和思想一致，倘若彼此的利益相悖，同样也无法携手合作。因此，必须以相互的兴旺与繁荣为目标。

价值共同体从本质上而言，是一个基于用户价值和产业网络高效合作，所形成的网络成员资源共享、价值共创、利润共享的群体性产业网络模式。客户需求激发、组织动态演化、信息技术整合和群体协作响应，是企业价值共同体的核心运营理念。这个概念里有三个值得注意的地方：一是用户在价值共同体中的地位得到真正的凸显，用户不再是产品被动接受者和企业商业利润的贡献者，而成为参与产品和产业价值形成的创造者、产品消费者与使用者。二是，企业的经营和竞争已经不再只是产业价值链条上的竞争，而是广义价值网络的合作；这里，网络的参与者既有生产企业、供应商、流通商、设备商、联盟伙伴，也有竞争对手、用户、社交媒体、网络社群。三是，贯穿价值共同体的理念和机制应当是共享、共创、共赢。

价值共同体打破了传统价值链的线性思维和价值活动分离的机械模式，围绕顾客价值重构原有价值链，使价值链的各个环节以及各不同主体按照整体价值最优的原则相互衔接、融合以及动态互动。管理价值共同体成为当下企业构建和维护竞争力以及维护持续发展的必然选择，而要成功地进行价值共同体管理，应当注意以下几个关键环节。

第一，关注顾客，定义价值主张。价值共同体的构建，首先要把理解、创造消费者价值置于价值共同体的核心，必须确定价值共同体到底要向顾客提供何种价值，这就是价值主张问题。清晰的价值主张是设计价值共同体模块和制定合作规则的基础。第二，规划价值模块并寻找合适的成员。在既定的价值主张下，根据核心价值逻辑设计出一套独特的价值创造方式，主体企业关注的是价值共同体的整体价值增值，在选择合作伙伴时，必须根据价值模块搜寻和选择能够提供价值模式能力的合作者。第三，搭建价值共同体成员合理网络治理结构。价值共同体成员之间除了需要明确的价值主张、成员之间的能力和合作意愿外，成员之间搭建起合理的网络治理结构也极为关键。价值共同体的治理实际上是选择成员、维护成员联系及安排成员之间交换的制度与规则。合理的网络治理结构和机制能够鼓励企业主动协调、改善和巩固与周边相连接企业的关系，从而减少价值创造过程中的摩擦和冲突。第四，分配角色并管理价值网络。价值共同体对价值创造过程中的协调能力提出了更高的要求，而主体企业往往是拥有某项特殊资源和能力的创新者或领导者，其拥有的协调能力不仅能吸引具有核心能力要素的成员企业的加入，而且可以强化产业价值链上更加细致的专业化分工和协调技术的演进。

今天领先的企业相信价值共同体的力量，它们愿意并准备为此付出必要的时间和精力。它们认为与价值共同体成员一起经营，是一种应对挑战和寻求突破性发展的解决方式与战略。一家企业不可能为所有的人提供全部产品，但通过价值共同体的构建，企业就能更接近这个目标，这令企业得以创造一个有利于顾客的环境，并能始终超越其目前的行业水准。

建立生态逻辑

战略思维对于一家企业的生死存亡起着至关重要的作用，所以常常听到这样一句话："战略控制命运"。如何形成企业有效的战略思维，如何让企业战略思维具有时代属性，确保企业战略思维符合时代与市场的发展规律，这是一个至关重要的话题。

最近几个案例让我深受启发，其中一个是五星控股集团（我认识这家公司已经超过 10 年）。创立了五星电器的汪建国及其团队，在 5 年前开始做共享经济模式创新——汇通达模式，即把农村乡镇的夫妻店资源，链接到汇通达的平台上。每个村镇大约有 500 个点，每个村都建立信息点，帮助这个镇的小老板在前端获取顾客，同时在后端得到优化的供应链，这样小店就不需要备很多货，只做出样，售卖产品即可。

汇通达会当天为小店配货，并同时为小店的经营服务。它不需要拥有小店和店员，但是乡镇网店的这些店和店员某种意义上也是汇通达的，因为一个分享机制，让各自都得到好处和发展，大家因此组合在一个生态圈内。在汇通达，大概有 1.5 万个网点，2016 年会做到 5 万个左右，覆盖更多的省份。汇通达不仅做了家电产品，还打破了行业界限，将农机、农贸、电动车、自行车都纳入进来。这个模式非常有意思，也发展得很顺利，已经可以服务 1 亿人。

另一个例子是乐视。因为"中国管理模式杰出奖"评选的缘故，有机会到乐视进行交流，让我对这家公司有了比较深的认识。乐视是倡导生态战略的一家公司，这可能也是令很多人看不懂这家公司的原因。比如体育，很多人以为乐视是从媒体进去的，但是乐视体育做赛事，包括买下五棵松的体育馆，含运动队、智能硬件以及自行车、相机等其他更多的硬件产品。不是说乐视的野心有多大，而是乐视想要给用户极致的体验，所以它把这些串到了一起。

从 2004 年开始，乐视就开始购买线上高清的版权，而很多视频网站是后来才开始注重版权的。之后，乐视开始买小说版权，如《太子妃升职记》就是乐视多年前就买的网络小说版权。后来当很多人注重线下小说版权时，乐视开始投资建自己的电视剧和电影公司。2008 年，乐视把华人影业购并进来（华人影业的郑晓龙导演了《甄嬛传》及《芈月传》）。当线上的公司也开始购买电影公司时，乐视开始往自媒体硬件方面发展了，这个不断延伸的过程，可以让大家理解乐视的战略。

我之所以对这两家企业的做法感兴趣，是因为它们的做法契合我对今天战略思维内涵变化界定的想法。对于今天的企业战略思维而言，具有生态逻辑内涵是其核心关键。传统战略思维的根本特征，是以打败对手为企业一切战略的出发点。这是一种只有你死才能我活的博弈思维。而对于今天的市场环境而言，战略的出发点不再是竞争对手，而是用户的体验价值。企业如果想在市场中获得优势地位，就需要围绕着用户的极致体验，进行战略要素的组合。上述两家企业都是如此做的，汇通达为乡镇的小店解决所有的问题，从配货到经营，并为了满足小店与当地顾客之间的需要，打破所在家电行业的原有规则，增加产品供应的品类和服务，从而达成了透过小店服务1亿人的成效。

乐视在为满足用户极致体验上所做的努力，更是令人赞叹，它设立的“硬件免费日”几乎成为一个全新的标杆；乐视的朋友举了一个例子，提到乐视体育人正在对乐视体育生态进行改造，将来每个座位都是联网的。某一天你在手机或者电视上看一些球赛，或者看一些演出，正好这场演出在五棵松体育馆进行，它会发给你一条信息，告诉你有你喜欢的明星。因为有大数据的存在，如手机日历等都可以给你提示。然后你就订票了，订票的时候，大数据又会告诉你，你喜欢的明星会在哪个位置出现概率最高，然后推荐你买这个区域的票。用户不关心你是哪家公司，只是想看一场演唱会，和喜欢的明星在一起，只有打通这一切，才可以围绕用户提供极致的体验。

这两个例子都说明一个问题：战略不再是以打败对手为思考出发点，而是以用户体验为思考出发点；为了用户极致的体验整合所有相关的资源，围绕着用户结成一个有效的价值网络，这两家公司由此实现了一个在价值创造上的创新，也拥有了全新的发展速度和成效。

最近10年来，一些企业发展迅速并令人欣喜，如腾讯、阿里巴巴、滴滴等，它们所获得的增长完全超乎一般企业的发展逻辑。仔细分析其背后的驱动因素，我们会发现它们具有一个共同的特点，那就是：以价值共生替代竞争。对于这一点，我们甚至可以从互联网企业的免费模式中，更深地感受到。看看阿里巴巴创造价值的模式：它建立了一个提供共享价值的商业平台，在这个平台上，一端中小商户可以非常容易地开设自己的网店，另一端顾客可以非常容易地获得商品。阿里巴巴所创立的“双 11”，更是缔造了一个商业神话，集合千万供应商完成一个在人们看来不可能完成的价值共享奇迹。阿里巴巴在实行这个商业模式的时候，并没有考虑到怎么去打败竞争对手，它的核心是怎么让供应商、物流商、中小商户、顾客在阿里巴巴这个平台上，共同生长，共同创造价值，这是一套生态逻辑，是其创造商业神话的根本原因。

的确，**战略思维的生态内涵重新定义行业价值**。星巴克宣布与微信支付组合在一起的信息，让人惊讶又视为正常。现在年轻一族的消费人群，已经习惯了微信支付，而以年轻族群消费为主的星巴克，需要与微信组合在一起，这是一个极具生长性的生态战略。乐视的战略似乎让很多人无法看懂，甚至很多人会认为贾跃亭的做法有着极大的冒险性，这种担心不无道理。不过，如果可以更换一个视角去看，乐视的战略其实不适用于对原有行业边界的认识，而需要打破边界去看。不要把乐视界定在娱乐行业、传媒行业、内容提供商或者硬件提供商上，也许这些都不是乐视的边界，因为这些行业的边界都被打破了，形成了一个全新的网络，乐视称之为“生态战略”。这是一种描述，但也是一个事实。一种更加融合的趋势，会让很多行业相互渗透，进而才会具有成长的可能。

事实上，任何一个行业的产生都是战略新思维的结果，也是行业内各个企业成员共创价值的整体结果。从这个意义上讲，关注战略思维的生态内涵，更是回归到了商业发展的本质，回归到了企业发展的本质。每一家能够界定新发展模式的企业，都需要在战略思维上做出调整。要超越新的商业竞争，就必须围绕顾客价值做出更新的价值创造，就必须了解到用户体验以及价值共享的本质需求。所以，企业的战略思维是一个需要不断寻求新内涵的过程，需要从竞争上升到合作，从合作上升到共同成长，达成围绕着用户体验展开价值共享的生态逻辑，这样才可以保证企业发展符合时代的变化。

第七项：领导者的新角色

彼得·德鲁克先生说过："无人能够左右变化，唯有走在变化之前。在动荡不定的时期，变化就是准则。但是，只有将领导变革视为己任的组织，才能生存下来。"面对巨变时代的经营环境，领导者必须做出打破思维、打破常规、破除利益阻隔、破除组织刚性的自我超越的变革选择。在一个需要向自己挑战、不断变革自己的时代，领导者需要有更加重要的引领作用。这个时期的领导者，不仅要担当责任，驱动变革，更重要的是要给成员以信心，即便在黑暗之中，也能指明前进的方向。与传统的领导者角色相比，领导者需要以全新的角色出现：布道者、设计者、伙伴。

布道者

布道本是指宣传基督教的教义，布道者就是布道的人。美国政治活动家和政治学家亨利·基辛格说："领袖的任务就是带领人们从所在之处到达他们从未到达之处。他做了一个远大的决策，树立了一个宏大的愿景，他还要把他的决策和愿景一一分享给他人，让他人了解到他所做的事业有多么伟大。因此，他选择了一条捷径，那就是通过

‘布道’和分享去教育他们。”可见，领导者在经营和管理活动中，通过布道，有效传播思想的火种、变革的“基因”，吸引成员的心理能量，对于组织的成功、变革的成功多么重要。

当企业处于一个巨变的时代，组织成员无论是个体行为，还是团体行为都需要适应环境变化而做出调整，领导者所做的就是要让员工的行为与企业目标、组织系统和企业文化有效结合，让员工在企业中发挥能动作用，实现组织的战略目标。领导者“布道”就是向员工传递组织所面临的紧迫性、必要性，同时培养员工自我超越的理念，激发员工自我改变的积极性和主动性。通过“布道”，在每个员工的心中播种自我超越的“种子”，影响员工的思想意识、价值观念，才能维持企业在一个巨变环境下所需要的向心力。

正如美国前总统吉米·卡特所说：“时刻记住自己有多强大，不要忘记个人的力量能起多大的作用。牢记，这个可能改变世界，改变社区，改变家庭，改变你自己。”处于巨变时代的领导者必须具有通过“布道”激励追随者和下属的领袖魅力，确切地说，领导者通过布道使下属“自动自发”地产生改变自己、改变社群、改变组织、改变社区的强烈动机和积极行动。福特汽车创始人亨利·福特、沃尔玛创始人山姆·沃尔顿、苹果创始人乔布斯、华为创始人任正非、阿里巴巴创始人马云等，都属于这种通过“布道”变革而影响追随者和社会大众来改变自己命运、改变组织和社会进程的魅力型变革领导。在这样一个创新层出不穷、信息极度扩散、变革随处可见的时代，需要这种能够通过生动语言、案例故事、愿景理念、行动指引、潜能识别引领转型的魅力型领导。

在这样一个多元文化价值观下，对与错在很多时候比较模糊，甚至是不确定的，确实需要一个具有非权力性影响力的“布道者”来告诉员工什么是对的、什么是错的。尤其值得指出的是，在这种理念和价值观处在变化的情形下，更需要通过一种能让大多数成员信服、认同，甚至崇信、崇拜的精神理念来组织成员的共同精神体系，同时领导者需要通过这种过程来获得组织的凝聚力。

华为的任正非与阿里巴巴的马云在这一点上尤为突出，他们都有着极强的“布道者”特征。华为 17 万人能够达成“力出一孔，利出一孔”之功效，与任正非不断诠释华为“奋斗者”的内涵，不断强化内部“危机意识”，不断要求华为管理者“自我批判”，以及及时保持高密度的沟通，采用公开信、讲话以及年度致辞等一系列努力分不开。每一次任正非的讲话，都会引发巨大的反响，每一次任正非的观点，都可以引发组织内成员，甚至组织外成员的反思和共鸣。甚至华为的广告，也是任正非“布道”的最佳渠道，无论是“芭蕾脚”“布鞋院士”还是“瓦格尼亚人捕鱼”“上帝粒子”广告，都给人以明确的华为价值观传递，这几则广告一经推出，都引发了巨大的共鸣，这就是华为的魅力。在华为内部，17 万员工实际上都深深受到了任正非的影响，带着一种清教徒式的虔诚和修行般的克制对待这位企业领袖。

阿里巴巴的马云同样极为出色，如果你走到中国的各大机场，听到最多的声音也许不是机场播音员播报信息的声音，很可能是马云讲课的声音。在阿里巴巴还未产生如此巨大影响之前，马云已经用自己的声音，让人们相信他的“梦想”一定会实现，他的商业模式以及理念一定可以成功。而在阿里巴巴具有极大影响力之后，马云不断运用传播的力量，持续不断地让人们理解阿里巴巴的成长与变化，持续不断地与资本市场对话、与用户对话、与市场对话甚至与世界对话。无论是通过在阿里巴巴设立的“闻味官”、构建的系统的价值观（被称为“独孤九剑”），还是被称作“六脉神剑”的组织管理方式，马云都很好地引领着这家创新的企业，持续走在成长的路上，并创造了属于自己的奇迹。

同样出色的是苹果的乔布斯。乔布斯是被世界公认的“教父”级人物，被认为是计算机业界与娱乐业界的标志性人物。他经历了苹果公司几十年的起落与兴衰，先后领导和推出了麦金塔计算机（Macintosh）、iMac、iPod、iPhone、iPad等风靡全球的电子产品，深刻地改变了现代通信、娱乐、生活方式。他对于创新的理解，对于品质完美的追求，对于简单就是快乐的界定，以及宗教般地维护顾客体验的追求，都成为人们从内心去拥抱的商业价值理念。他的“活着就是为了改变世界”的人生价值观，以及禅定的修行，也成为引领人们的精神领袖。美国前总统奥巴马说：“乔布斯是美国最伟大的创新领袖之一，他的卓越天赋也让他成为这个能够改变世界的人。”比尔·盖茨说：“很少有人对世界产生像乔布斯那样的影响，这种影响将是长期的。”

这些优秀领导者所带领的企业，都因应领导者的“布道”而不断地驱动自我成长，并推动社会进步。由此可以理解，领导者除了需要不断自身变革，打破惯性和常规之外，还需要根据经营环境的各种变化向员工和客户传递变革思想，并且，这种“布道变革”本身就成为领导者工作的一部分。为了带领新希望六和实现战略转型，让这家最传统的农牧公司能够拥抱互联网，面向未来，我们也同样践行了“布道变革”的方法。为了能够让大家达成共识，除了频繁的走访、培训之外，我还为全体经理人写了内部交流信。3 年中一共写了 9 封信，这 9 封信可以说在帮助传递组织变革的决心、战略方向的诠释，以及上下同欲的达成方面，起到了极为关键的作用。

设计者

选择“设计者”这个词来诠释领导者新角色，是因为现今的领导者不仅要有战略洞察力、理解消费者与人性需求的能力，而且要能够把这一切转化为商业模式、产品以及组织制度。因此，作为“设计者”的领导者，需要设计商业模式、产品、组织制度。换句话说，“设计”这个词，不仅包括产品，而且包括整个公司的价值理念。它包括公司所能够提供的体验的各个方面，无论是有形的还是无形的。

据资料介绍，《国际设计》（*International Design*）杂志在 1999 年第一次，也是唯一一次发表了 40 家“美国最以设计为主导的公司”名单。毫无疑问苹果公司榜上有名，还有卡特彼勒公司（Caterpillar）、吉列公司（Gillette）、IBM 公司、纽巴伦公司（New Balance）以及 3M 公司等。有意思的是，半数以上的公司是服务型公司，比如亚马逊公司、联邦快递、CNN、迪士尼、纽约扬基人（New York Yankees）。这一名单让我很惊讶，同时我也理解到，“设计”导向不是一个产品与技术的概念，而是一家公司的理念。

推荐学生看舒尔茨的《将心注入》和《一路向前》，因为通过这两本书，我们可以全面理解星巴克的设计理念。“我们确立了‘第三场所'（third place）的身份，"星巴克人会这样告诉你。他们确信有了自己的特色——"第三场所"，这个场所既不是工作单位，也不是家，而是顾客可以在星巴克寻求避风港的地方。星巴克把喝一杯"随意的爪哇咖啡"转变成一种"星巴克生活方式"。不管是有意还是无意的，很多人把这种生活方式归结为在等飞机的空隙时间喝一杯咖啡，或者在偶然经过某个商圈里的星巴克，坐下来读读书，或者写写作业的一个空间。星巴克就这样做到了，为人们"设计"了一个生活中的"第三场所"。

我自己很喜欢宜家（IKEA），每次去宜家卖场，人都多到爆棚，似乎很多人把周末逛宜家作为全家人的"节目"。通过问身边的朋友，我发现喜欢宜家的人很多，大家说尤其喜欢宜家的生活方式：其家居环境给人一种简洁、方便、安稳、舒适的感觉。宜家于 1943 年创建于瑞典，以"体验营销"的手法闻名。其创始人把自己的生活体验感受融入卖场，所以在卖场随处可以感受人们家居生活需求的满足。宜家总是透过卖场布置和空间陈列，将商品展现出来，让消费者感受："我家如果变成这样，该有多好"。1976 年，宜家成立 30 周年的时候，创始人英格瓦・坎普拉德（Ingvar Kamprad）发表了《一个家具商的誓约》，其中提道："真正的宜家精神，是由我们的热忱、我们持之以恒的创新精神、我们的成本意识、我们承担责任和乐于助人的愿望、我们的敬业精神，以及我们简洁的行为所构成的。""为大众创造更美好的日常生活"这一价值追求就是宜家明确的"设计"理念，并被传递到消费者的体验中。

正如这两家公司一样，一些优秀的企业用心去"设计"自己的商业模式，用心去设计自己的产品，并让顾客真正体验到。这些公司的领导者，拥有明确的价值理念，与顾客真正在一起，并通过商业模式或者产品让顾客感知到或者触摸到。想到这里，其实你可以罗列出一大串令你动心的企业名单，而同样地，一些产品与企业因为没有“设计”导向而变得索然无味。比如，隆吉诺蒂·布伊托尼（Longinotti Buitoni）区别了“普通产品”和“梦想产品”，结论如表5-4所示。

表 5-4

普通产品	梦想产品
麦斯威尔咖啡	星巴克
BVD	维多利亚的秘密
现代汽车	法拉利
铃木摩托车	哈雷摩托车

每一对产品中的前一个都没有做错什么，都满足了顾客的需求，但是后者更具有梦想般的力量，这使它远远超越了仅仅满足某种需求的程度，从而具有了独特的魅力。一家拥有“设计”产品的公司，可是说是用“梦想”驱动人们的公司。

在把“设计”导向深入到企业组织制度方面，华为是一个典型的例子。任正非对组织力量的深刻理解，与其军队经历相关。个人能力突显各异的团队往往会负于个人能力平平但整体能力突显的团队，这一点令任正非在处理利益的问题上有着宽广的心胸。一方是董事，一方是员工，在一致对外开拓时，大多数员工都是积极的，但在事关利益时，大多员工会选择利益，那么，对董事来说，如何使组织产生最大的力量，让大多数员工选择华为利益就是重要的核心。华为的核心竞争力来源于组织和个人的核心竞争力，任正非将华为人个人的核心能力与组织的核心能力聚合，形成强大的冲击力。

在与任正非交流时，姚老师和我问任先生，他觉得华为成功的核心点是什么？他回答说还是：财务体系和人力资源体系。任先生介绍说，华为的财务体系已经形成全球统一的会计核算与审计监控体系，并具有绝对的全球财务系统的领先优势。华为在 15 年前就已经做到“财务集中管理”，打破了法人实体概念，重新构建了公司的运行逻辑，这使得华为在全球经济不济的当下，能够逆势上扬，获得骄人的业绩。任先生对于财务的要求是如此界定的：财务如果不懂业务，只能提供低价值的会计服务。没有项目经营管理经验的财务人员是不可能成长为 CFO 的。有效监控将帮助公司各个业务环节持续改进。规范运营才是提升效率之“本”。

华为人力资源系统的强大能力是被公认的，也让很多企业领导者羡慕不已。任先生曾经明确阐释过华为公司未来的胜利保障，这一保障主要包括三个要素：第一，要形成一个坚强、有力的领导集团，但是这个核心集团要听得进批评；第二，要有严格、有序的制度和规则，这个制度和规则是进取的。什么叫规则？就是确定性，以确定性应对不确定性，用规则约束发展的边界；第三，要拥有一个庞大的、勤劳勇敢的奋斗群体，这个群体的特征是善于学习。华为人力资源体系中的“分配机制”更是带来巨大“知识资本”的驱动力量，任先生认为“获取分享制”应成为公司价值分配的基本理念。只要敢于开展非物质表彰，坚持导向冲锋，激发员工活力，公司就一定会持续发展。所以，在分析华为成功的机理时，华为人的解释是：核心原因有三点，即制度与流程、人才、文化。

“设计”导向，让一家公司的商业模式和产品具有了“梦想”的力量，让一家公司的制度安排具有了“梦想”的力量，这一切就是领导者需要履行的责任。

伙伴

今天的管理是**一种基于共享价值为基础的新范式**。这种新范式是指，具有系统思考的领导者，依赖于激发个体内在价值，而不是沿用至今的组织价值，来考虑整体以及个体的行为。在这种新范式中，有关个体价值的创造会成为核心；如何设立并创造共享价值的平台，让组织拥有开放的属性，能为个体营造创新氛围，则成为基本命题。新范式的挑战在于领导者与组织成员之间的关系改变了，要在管理者与管理者、管理者与员工、员工与员工之间建立和保持一种可信任、可亲近、可包容、坦率而不伤及员工内心的工作关系，彼此成为伙伴式甚至好友式的同事关系。这意味着管理者的领导方式需要做出改变，员工要能够与领导者平等对话；在员工专业领域内，领导者要能够成为被管理者，成为团队成员之一。这就需要领导者抱有关爱之心、包容、亲和力以及甘愿成为被管理者。

抱有关爱之心

稻盛和夫在《领导者的资质》一书中写道："领导者的优秀资质是什么呢？我认为可以归纳为以下五点：第一，具备使命感。第二，明确地描述并实现目标。第三，挑战新事物。第四，获取众人的信任和尊敬。第五，抱有关爱之心。"稻盛和夫认为：领导者必须发挥出强有力的领导作用，而在他的心底，又必须抱有亲切的"关爱之心"，换种说法，可以用基督的"爱"和佛陀的"慈悲"来比喻。领导者必须持有一颗对别人充满关爱的、善良之心。稻盛和夫用了一句极为特别的话表达他对这项领导资质的看法，他说：真正的领导者应该是"以爱为根基的反映民意的独裁者"。

的确，对于领导者而言，他需要有更大的担当、包容度以及热情，需要为所有人负责，这些人不仅仅是公司的员工，还包括公司价值共同体的所有成员，也包括整个社区。如果再扩大去想，同样包括整个世界，因为公司所生产的产品以及所消耗的资源，都是整个世界的一部分。领导者有责任为这些人负责，为社区负责，为社会整体负责，这份责任本身就需要有深沉的爱，需要领导者心中拥有大爱，因为用爱作为行动的依据，才可保证企业可持续并有效地发展。

领导者绝不能只考虑自己，需要有利他之心，需要真正具有为大家谋幸福的发心，需要能够引领大家进步与成长；领导者能够与员工一起创造价值并分享价值，让员工可以分享到企业的成长。因为领导者的利他之心，使员工更真切地感受到被关爱的幸福，从而更努力地履行自己的职责。拥有关爱员工之心的领导者，一定是一个明确指引价值判断的领导者，不会容忍员工有贪图轻松安逸的倾向，也不会一味迁就部下的意见，相反他会用纪律来约束员工的行为，用公司价值观引领员工的行为。这样的关爱，才是真正的关爱，才可以推动员工进步与成长。正如稻盛和夫所说的那样：为了实现目标，必须发挥强有力的领导作用。但仅仅这样做还不够，领导者应该抱有一颗温暖的关爱之心，要了解团队人员的想法，努力将他们的力量凝聚到同一个方向上来。领导者抱有关爱之心，最根本的体现是：保障组织成员成长，推动社会进步，让组织成为具有社会责任的担当者，与环境、社区互动并付出价值；拥有系统思维、全球理念以及创造力；身体力行，率先垂范。

包容

在华为的管理体系里，有一个著名的“灰度管理”理念。任正非之所以提出管理者要学会“灰度管理”，是因为他感觉到华为需要具有包容的管理理念，需要由授权的习惯来解决问题，更需要通过建立彼此的信任来构建合作。任正非在2015年市场工作会议上的讲话中谈道：“我们在吸引社会高端人才的同时，更要关注干部、专家的内生成长，不要看这个不顺眼，看那个也不顺眼，对做出贡献的员工，放手让他们发挥作用，试试看。我们要能接受有缺陷的完美。没有缺陷，是假的。”

任正非对华为人诠释过他所提出的“灰度管理”。他说：“坚定不移的正确方向来自灰度、妥协与宽容。一个清晰的方向，是在混沌中产生的，是从灰色中脱颖而出的；方向是随时间与空间而变的，它常常又会变得不清晰，并不是非白即黑、非此即彼。合理地掌握合适的灰度，是使各种影响大战的要素，在一段时间和谐。这种和谐的过程叫妥协，这些和谐的结果叫灰度。”

记得有一次我到华为大学参与公司高层管理人员的培训，提到了一个核心的话题——“灰度管理”。通过认真分析和讨论，特别是这些学员把日常工作中遇到的问题和案例拿出来分享，大家更好地理解了公司所倡导的“灰度管理”的内在价值，明确了如何去包容和理解差异。用任正非的话讲：“我们的各级干部如果真正领悟了妥协的艺术，学会了宽容，保持开放的心态，就会真正达到灰度的境界，就能够在正确的道路上走得更远，走得更扎实。”

即使你的组织没有用“灰度管理”的理念，但是只要在组织内形成包容、开放的心态，组织就会就有活力，就会有与变化和不确定性相处的能力，同时也会给员工提供一个宽松的成长环境，让员工能够不断尝试和创新。

亲和力

2016 年年末，我与田涛、孟平、曹轶以及姚洋教授一起和华为创始人任正非见面交流。约好早上 9:30 见，想不到到了见面地点，任先生已经早早在那里等待我们，我们都很感动。坐下后，任先生看到我们穿的单薄，就问身边的同事，看看有壁炉的会议室是否空闲，如果空闲，我们转场去那里。得到确认可以过去，任先生就带着我们转场去另一个会议室了。

令我惊奇的是，任先生自己开车当司机带我们过去。我和姚老师都说，这该是史上最贵的“司机”，想不到任先生则说，他本来今早打算到酒店接我们，但是看到路线并不顺，担心影响见面时间，所以直接到会议室等我们了。坐在任先生亲自驾驶的汽车上，回想刚一见面的这两个环节，我已经深深地被其折服，这是一个完全不一样的领袖。虽然我自己跟踪华为案例 20 多年，虽然也有不同的机会与华为高管层交流，虽然也在更多的媒体中看到、听到对于华为的各种介绍，虽然田涛在写《下一个倒下的会不会是华为》一书的过程中，我们一直保持交流，但是，与任先生见面交流一开始的这两个环节，让我有一种更不同的认知、一种独特的感受。

交流到中午时分，当任先生知道我们要赶去机场时，马上嘱咐服务员把本来是他自己预订的午饭送上来给我和姚老师吃。我们也客随主便，把任先生和家人预订的盒饭给吃掉了。之后，他陪着我们下电梯到车库，想不到他会为我拉开车门，那一刻被任先生细致、平和的品性所折服。车行驶在去机场的路上，我回想这个上午，只有我们和任先生之间安静地交流，没有人来打扰，没有电话进入，一切都是从从容容，也是那样的专注，这一点可见任先生和华为的品质。

成为被管理者

在组织内建立伙伴关系，需要领导者做出表率，其中最核心的要求是，领导者如何成为团队的一员，如何在组织中成为一名被管理者。其实，每个人学会“接受”这也是心性成长很重要的一部分。我们每个人，包括领导者都会有自己的局限性，如何认知这一点并接受的确是一个非常重要的训练。特别是在技术急剧变化、环境急剧变化的情形下，新东西层出不穷，个体的局限性会表现得更明显，更需要我们认知自己的局限性。

坦白地讲，在大部分情况下，人们会认为能够帮助别人，是一种美德。但是我们也需要知道，能够主动寻求帮助，也是一种美德。我总是记得自己上课时给学生讲的一个小男孩与糖果的故事。有一天，小男孩和妈妈逛糖果店，糖果店的老板非常喜欢这个小男孩，就对小男孩说：“你喜欢哪个糖果，就自己拿吧”。但是小男孩摇头，没有去拿。老板问了三遍，小男孩都没有动，妈妈也建议他去拿，但是他还是没有动。老板觉得这个孩子真好，就自己拿了一大把给小男孩，小男孩高兴地用衣服兜着糖果，和妈妈离开了糖果店。妈妈觉得奇怪，就问孩子："叔叔让你拿的时候，你为什么不拿呢？"小男孩说："我的手没有叔叔的手大。"我特别喜欢这个故事，喜欢这个小男孩。接受自己的局限，并主动寻求帮助，从而获得成长。戈壁之行，我也如此去了解自己的局限性：在同学们之中，我没有以老师的身份出现，让自己安心去做一个队员、一个合格的队员，接受自己在戈壁挑战之途中的事实，正视自己局限性，配合组织规定，做好队员的角色，接受帮助和引领。我想这是我可以完美完赛的核心保障。更重要的是，因为自己扮演了"队员"的角色，融入团队中，也保障了组织的完赛和成功。

在一个以互联和数字为特征的时代，企业的价值不是由企业创造的，而是由许多人一起创造的，包括员工、顾客、股东以及相关产业链与价值共同体上的所有人。所以，企业领导者应该聚合企业内外部所有的资源、能力，集合大家一起来创造价值。

重述在开篇的那句话：

这是一个英雄辈出的时代，更是一个集合智慧的时代。

结束语

未来已来，请有尊严地放手！

—

INSPIRE

THE

ORGANIZATION

—

非常感谢能够与这么多的企业家面对面交流。这是我第三次参加华夏基石的10月论坛，在来到这次大会之前，我常常谈到企业管理未来的不确定性。但是，不论有多少不确定的因素，总会有一些能够确定的因素存在，只有当我们找到了确定的因素时，我们才有机会去面对复杂的环境。

“未来已来”时的你与世界

今天，我想就“未来”这个概念与大家交流，因为我们今天所做的任何事情，决定了我们的未来，因此，必须用未来的眼光回看今天。反之，如果只能用过去的眼光看今天，事实上是无法走向未来的。所以，我想，如果能够用未来的眼光回看今天，也许我们能够找到更好的答案。经过多年的实践和努力，我懂得了一个最简单的道理：未来，实际上是创造出来的，而并非预测的结果。所以，只要不断地创造未来，那么未来就一定会属于你。

在当今的社会环境中，我们普遍遇到一些问题，无论是从管理的角度，还是从经营的角度来看，我们都会遭遇挑战。而最主要的挑战是什么呢？我们从以下几个方面来理解。

（1）旧观念终结。我发现，很多企业家都处于焦虑之中，因为他们发现没有现在就行之有效的经验可以借鉴。比如在普遍的育儿过程当中，我们会发现，在我们像他们现在一样大的时候，不论父辈的意见是什么，我们总会听从，然而在今天，我们的孩子却开始不愿意接受我们的建议了。这证明，旧的观念实际上已经在被终结了。

（2）发展模式更新。著名的经济学专家祝宝良先生和吴晓求老师都讨论过中国 GDP 的增长状态。在数值的范围内，有人发现，中国的 GDP 规模在持续下滑，于是对中国经济的发展未来感觉悲观。而对我而言，尽管 GDP 的下降是客观存在的，但是更重要的一个事实是，我们可以通过发展模式的改变来应对未来，而不是墨守成规，最终被市场所淘汰。所以，我们说，面对在短期内不会有所转变的经济低迷，企业只有改变发展模式，才能突破困境，否则，未来一定是很悲观的。

（3）经验的末日。经验是不是应该被扔掉？我是一名教师，有过较长的从教经历。在最近两年中，我遇到的比较有趣的事是，一些学生来听课，但他们并不学习，而是对老师的讲课是否有错感兴趣。我也曾经有过在课堂上被学生质疑的情况，有些学生迷恋于质疑本身，比如当你讲到一组最新数据的时候，他告诉你这组数据已经被两小时前公布的数据取代了。所以，当再次上这门课的时候，我进行了调整，由学生提供他的数据查阅结果，而不是由我提供，我改变自己上课的做法。

（4）代际和谐的终结。由此可以发现，经验在今天已经无法帮助我们了。更为重要的是，很多人不知道如何面对85后、90后，不知道经验是否能够传承。很多企业邀请我，希望由我来帮助它们做企业传承，但是坦白地说，面对一个一切都在创新的时代，在很大程度上，传承已经失去了它的意义。我认为，作为晚辈，应该欣赏前辈所有的创造，而前辈则应该欣赏晚辈所有的创新。所以，我并不倾向于传承，而更多希望企业能够勇于创造和创新。比如面对我的女儿，我绝对不会扮演传统家长的角色，而是尽量成为一名学习者。而那种陈腐的观念：要求下一代传承你的一切，要他不停地感恩与回报，在我这里应该是不存在的。当我们对待85后、90后时，我们会认为这一代人的使命感好像不强、责任感也不强，但那是你的观点，他们不这样认为，这是一个很大的改变。

（5）稳态的终结。我们都很希望处于“稳态”中，都希望经济有一个好的发展速度，都希望环境对自己是有利的，但是“稳态”会存在吗？现在会存在什么样的“稳态”？这是一个你我今天都要面对的东西，也是“未来已来”时我们要思考的东西，而正是因为这些东西的存在会引发另外的问题，比如管理上不得不面对的五大类问题。

第一类问题就是还会有边界吗？今天，无论是行业的边界、企业的边界，还是组织的边界，其实都被打掉了。我们甚至不敢说哪一个员工会属于我们。为什么要强调互联网时代的组织管理新范式？大家都知道，最近两年来我最重要的一个观点就是激活个体，原因就在于今天的人最重要的要求其实是自主、自由和自我。这三样东西在组织管理中其实是很大的挑战，可是在组织管理中很重要的就是要有一些约束；组织管理中需要界定你的角色，没有角色的界定，很难分配责任；在组织系统中，比较强调服从。这三点作为组织最重要的边界，在今天将要被冲破，所以我们会发现这是一个新的管理问题。

第二类问题是什么是真正的驱动发展力量？很多人不太清楚一家企业发展的驱动力量到底是什么。我们今天会看到几种现象非常有意思：一是估值不断增加，但是看不到企业的盈利；二是虽然拥有庞大的顾客群，但是并不知道价值点在哪里；三是很多企业增长速度非常快，可是突然间可能就会断崖式下跌。我非常奇怪地发现，中国企业非常喜欢做的一件事情就是做大，所以企业管理者也常常问我怎么才能做大。我说你要做那么大干嘛？他就问我，为什么不做大？我其实就回答不了了，因为我本质上不希望你做大，而是希望你做得久。“久”与“大”之间没有必然关联，所以真正驱动发展的力量是那些可以让你持久的东西。

第三类问题是新生活方式的力量。比如前两天媒体对中国管理模式颁奖大会广州会场进行了直播，在线人数超过200万。这令我非常紧张，因为我们其实也不敢保证所讲的每一句话都是对的，但是其传播力已经在发挥作用，这就是新的沟通方式。新的生活方式已经出现了，它使得我们对管理中的很多东西都要相应做出调整。

第四类问题，影响管理的东西，还要加上三个要素——技术、思想和未来。因为互联网技术的出现，有一个很有意思的现象，我不能说不好，但是我觉得很可怕，就是可以“创造事实”。对于一个在线下根本没有的事实，互联网确实可以在线上创造出来。这时候你就会发现认知变得很重要，而那恰恰就是思想，创造是一个认知的共识。从某种意义上来讲，我们对于企业管理问题的理解就会有这三个要素的融入。

第五类问题“新人”来了。“新人”一方面是指拥有新知识、新概念、新方式、新行为习惯、新沟通模式的80后、90后，另一方面是指那些智能的机器人。我们发现，人本身的构成已经多元化，而智能机器人，其逻辑与你的逻辑可能是完全不一样的。这样的一种“新人”给整个管理、整个经营会带来巨大的变化。

所以，我为什么今天要讲这个话题，核心是要回答一件最重要的事情——**“未来已来”时的你与世界是什么样**？你是仍存在于世界当中，还是已经被淘汰掉？你是成为“未来已来”时的世界的主体，还是一个被动者？你怎样能够在这样一个变化的大环境当中，主导自己的成就、自己的成长、自己的主动性，其实这就是我今天讨论的关键。

眼前正在发生的一切，也是未来发生的一切

我们所要关注的并不是今年活成什么样子，而是未来活成什么样子，这大概就是我想讨论的话题，可是当我们要讨论这个话题的时候，实际上会发现其中的逻辑非常简单。

我蛮喜欢的一部电影是《星际穿越》，它给我的最深的感受是，父亲跟女儿之间有一种永恒的力量，这种力量叫“爱”。出于这样一个永恒的力量，在两个不同维度当中，他们可以相互注视，“爱”是一样的。换个角度理解电影的这个假设：你未来发生的事情和你现在

发生的事情实际上是一样的事情。所以，各位今天所做的任何选择就决定着你未来所在的位置，你今天所做的任何一件事情其实就决定了你未来的任何一件事情。

比如你今天都坐在这里学习，可能就决定，你未来比另外一批没有来学习的人有竞争力；比如你今天听到专家的介绍，你会很清楚地知道理性看待环境，可能你就比今天没有来的那些人会更笃定一些。这是一个非常有意思的时空，眼前正在发生的一切，其实就是你未来发生的一切，所以这也需要大家清晰地知道为什么要做很多调整和努力。

重新定义行业的边界

从工业 1.0 到工业 4.0，人与人之间、人与设备之间以及人与市场之间的连接方式，都改变了。互联网、物联网、人工的智能以及生命技术一直在变化和成长。当这些东西一步一步往前推的时候，所有行业的边界都会被重新定义。

有一项非常出名的研究。一家生产拖拉机的公司，如果按照之前的逻辑来讲，只需要生产一种产品就好。但当人工智能出现的时候，拖拉机就要变成智能型的；当移动技术出现的时候，拖拉机就要变成移动互联的产品；当物联技术与整个技术推进的时候，拖拉机必须做成一个产品系统，而在一个更大的智能的概念和互联的概念中，拖拉机必须是一个产品结构。所以，一家生产拖拉机的企业也一定是在一个结构当中，而不能只生产一种产品，不仅要考虑消费者的价值，而且要考虑行业产业链的价值，同时还要考虑产业跟其他人关联的结构上的价值。

很多人问我：今天你怎么看我有没有竞争力或者存在优势？我说很简单，你回望自己是不是处在一个结构体系中，而不仅仅是一家孤立的企业。如果你仅仅是一家孤立的企业，可能就有风险，但是如果你处在一个结构体系当中，你就不要有太多的担心。所以，我一直跟很多企业的管理者和我原来的同事讲：如果很清楚地知道谁是你的对手，我就很担心你；如果很清楚地知道你跟谁合作，我就比较不担心你。这就是今天比较大的变化，在这种变化格局当中，你跟谁竞争，一定是过去式。因为今天所有的行业都有新进入者，其实你根本就不知道在跟谁竞争。如果你很清楚地知道你在跟谁竞争，你就会出问题。但是如果你说你跟谁在合作，而且是在一个更强的、多元的合作当中，我反而会觉得不要太担心，因为这就说明你在一个结构当中。因此，对我们来讲，技术与知识的调整、技术与知识、数据的关联，其实都是改变，我们每个人对于技术、数据、产业的理解其实都要调整。

通用电气："从科技改变生活"到"科技改变效率"

现在对工业的理解，可能不再是简单的人与设备的关系，还有关键技术、数据，可能还会加上更多的东西。所以，在这样一种对技术或者对产业的理解下，有一家企业走到了比较靠前的位置上，它就是我最近讲得最多的，制造企业转型的案例——通用电气。

今天看通用电气跟以往看它最大的区别是什么？我们都知道通用电气在 20 世纪八九十年代做过巨大的转型和变革，从纯制造企业转向服务属性的制造企业。因为要给整个制造企业的客户提供服务，所以它最重要的一个创造就是提供了金融服务。

可是到了2008年之后，智能技术跟互联网技术的出现使得通用电气认为，它给客户提供的最重要的解决方案应该是效率的改善，应该是真正的精准的生产以及有效的增值服务。所以，通用电气开始围绕着怎么提升客户的效率，把整个企业的结构和定位价值做了彻底的调整。通用电气的口号之前更多的是讲“科技改变生活”，或者“科技，让生活变得更美好”，可是今天它的口号是“科技改变效率”。它认为，即使工业互联网只能让系统的效率提高1%，其效益也将是巨大的。1%的威力，能够使各系统节约能源如下：航空系统节约1%的燃料，意味着节省300亿美元；电力系统节约1%的燃料，意味着节省660亿美元；原医疗系统效率提高1%，可以节省630亿美元；石油、天然气的资本支出降低1%，可以节约900亿美元。它开始设计一种新型的计算方法，并且开发一套航空智能运营服务系统，希望能够提前一个月预测到哪些发动机急需维护修理，并且要使准备率达到70%，从而使得系统的维护时间大幅降低，最终降低飞机的误点概率。这套智能运营服务系统可以实时监控从飞机设备收集到的各项数据，在飞机出故障隐患前给出诊断预测，提供预测性建议，优化飞机维护和航班运行管理。正是因为这样的一项很明确的战略调整，通用电气把20世纪八九十年代最赚钱的一块业务——财务公司卖掉了，接着，它把其中一块最重要的业务——家庭电器也卖掉了，因为这已经不是改变效率最重要的战略要素了。

这一巨大的调整使得通用电气在2013年时对自己说：“在这一轮的信息互联智能技术当中，很高兴感受到通用电气又走到了前列。”

我非常希望我们的制造企业也能说这句话，如果你可以说这句话，你已经很清楚地知道，制造企业提供的价值将有什么样的变化。

未来商业时代运作

除了制造工业做出调整之外，商业其实也做出了调整。对于这种调整，曾鸣老师给了它一个词——“云时代”。在云时代与工业时代之间，几乎所有的东西都做出了对应改变。以消费者为中心，企业内部实现社区化，企业之间进行价值网协同。从运作逻辑开始，到世界图景，然后再到时间法则，甚至我们讲的空间、分工协作以及发展都发生了变化。如果商业时代所有主轴上的东西都做出了调整，那么我们在管理和运营当中也需要做出很大的调整。

一切皆变，一切皆存在

因此，大家要了解一件最重要的事情，就是一切都在变，但是一切也都存在。这样的一种改变其实就意味着我们要认真对待两个最重要的东西：行业本质竞争要素和增长逻辑，这是两个最重要的改变。

很多人问我，互联网到底会产生多大的影响？我们都知道“互联网”是一个一直没有办法让大家达成共识的词。我个人不在意词的表面含义，对于互联网只讨论两件事情：第一，新人类的出现。我们有一大组人群跟互联网在一起生活，现在已经超过6亿～8亿，而这是最重要的商业人群，既是生产者，也是消费者，更是创造者，这是我们不得不面对的一件事。不管用什么词去命令它，一定会有一组新人出现。这种人是最重要的，他们基于线上的逻辑进行思考，而且他们的数量非常庞大。第二，需要关注互联网带来的生活方式。这是因为生活方式决定一系列东西。这两样东西决定了我们在企业经营当中，行业本质的竞争要素和增长逻辑的改变。

行业竞争的本质要素改变

工业时代，比较重要的行业竞争要素是规模增长、质量取胜和成本驱动。比如珠江三角洲的产业基础如此好的原因是，大大小小的中小企业和大型制造企业在规模、质量、成本上都非常强大，像美的、顺德农商银行、万和等。这些企业发展得非常好，其原因就在于规模、质量、成本之间的关系处理得很好，而这三样正是在工业时代要考虑的最重要的行业要素。

我以 2015 年为节点，把互联网做了个切割，2015 年之前为互联网 1.0 时代。在互联网 1.0 时代中，最重要的竞争要素依然是规模增长。但是，核心的要素改变了，会有盈利增长、技术进步以及资本驱动。换个角度说，更重要的是创造力，以及对技术的改造和资本力量的运用。2015 年后为互联网 2.0 时代。在互联网 2.0 时代中，我认为行业最重要的要素变成了有效市场，而不是广泛市场；是精准用户，而不是免费用户，然后是流量、大数据以及价值创造。其实竞争的本质要素在发生变化，如果还是用原有的逻辑去做，肯定会非常困难。就像我三年前就农牧业而讲的：这个行业有三个巨变，即从规模增长一定会变为有效增长，从农民评价、养殖户评价一定会转变成消费者评价，从提供产品一定会转变为提供可靠性。这些根本性的变化实际上源于什么呢？不是因为我们做得不好，而是环境变了，这些改变促使我们对很多东西的理解要发生变化。

增长逻辑的改变

我们会发现企业增长的逻辑在改变。之前的增长逻辑是线性增长，也就是说工业时代都是线性增长。简单说，就是今年投入，明年就会产出，每一年涨 20%，甚至 100% 都是可以的。比如我们习惯了 GDP 要增长 10%，降到 6% 时，我们会紧张得哇哇叫。坦白讲，只要有增长就很好了，并不需要确保它高增长。我们对于增长逻辑有一个很重要的观念要调整，就是非连续性。互联网 2.0 时代的增长并不源于简单的、线性的投入，而是源于创造和创新，并且这种创造和创新带来的增长带来了很多东西的调整。

比如，很多行业被重洗，原因就是新进入者在用一种创造性实现增长，把原先行业的所有逻辑给洗掉了。我曾经讲不确定性的时候提过一个例子，做农业的人做品牌是非常难的，但不做农业的人来做农业品牌反而会比较容易。例如，联想做农产品业务，很快做出了消费者认知的品牌；潘石屹卖苹果，肯定就比我卖得贵。我们会发现做农业的人主要考虑成本，越便宜越好，但是不做农业的人不讨论成本，怎么贵，怎么卖，而且他们是一个一个产品卖，我们是一筐一筐卖。现在的增长逻辑是不一样的，不再是连续性和线性的，而是非线性、非连续性的量级增长。只有这样，创造、创新才可以获取增长。

创新价值不同

也正是因为这样的一个改变，我们发现有一个最重要的东西不一样了，即创新价值。在工业时代，创新最重要的价值体现在产品上，所以大家会关注质量、渠道、规模。换句话说，在工业时代，最重要的是“质量至上，渠道为王，规模经济”。有很长一段时间，流行着“得渠道者得天下”。可是到了互联网 1.0 时代，我们会发现这是个消费时代，是消费者的狂欢。“双 11”的出现就是典型的消费狂欢日。这个节日为什么会出现？因为这是一个“消费为王”的时代。在互联网 1.0 时代，最重要的是“营销至上，流量为王，虚拟经济”。因为线上企业的快速成长，使得实体经济非常焦虑。

可是 2015 年之后，到了互联网 2.0 时代，大家真的都在改变，线上、线下其实是在一个世界里，而这个世界最重要的特点是产业之间的互动。所以，这个互联网 2.0 时代的核心就变成了“产品至上，服务为王，共生经济”。价值创造的方式改变了，这种价值创造在产品上、服务上、共生经济当中拥有机会。

以上三个不同的价值创新点，是我们一定要了解到的东西。这意味着整个价值创新的逻辑会变，但这种改变是很难的。巨大型的企业也要改变，像 IBM 也要把一些东西卖掉，把自己完全变成新的平台型的企业。因此，我非常希望大家看到这些企业为什么成功，像阿里巴巴和腾讯，在互联网 2.0 时代的共生经济中，在产品至上、服务至上的环境中，它们做得非常好。前两天，我在广州颁发中国管理模式杰出奖，4 家获奖的企业，无论是乐视、伊利，还是小米、中车，你会发现这些企业都有一个共性，即它们在共生经济当中、在产品的极致体验当中闯出了一条路。所以，最重要的是要了解到价值创新的变化，不管是否看得懂，首先要去接受和学习。

唯一不变的是回归顾客价值

一定有一个不变的主线就是回归顾客的价值。企业的常识是什么？一定是顾客的立场。站在顾客的角度行事，才可以真正帮助你成功。德鲁克给出了关于企业的定义："企业是什么，就是创造顾客。"能够影响你的，绝对不会是技术、资金、策略，绝对不会是变化、动荡和冲突，如果你被淘汰，那么肯定是你与顾客分离了。

拿破仑有一句话，给我留下了深刻的印象。有人问他说："为什么滑铁卢战役你会失败？"他说："我很久没有跟士兵喝汤了。"企业管理者一定要知道，企业最重要的起点和终点只有一个，就是顾客。在你明确这一点后，你就会明白怎样去做市场。所以，我的认知也是一句话：唯一可以解雇你的人就是顾客。

面向未来的四个关键词：技术、数据、创造与智慧

大家一定要理解今天的价值创新一定要调整，不能固守你的东西，因此，我们必须对未来进行思考，认识人的生活方式的变化。罗马俱乐部的研究人员乔根·兰德斯与其他成员写了《增长的极限》，此书对于新技术革命的启蒙影响巨大。乔根·兰德斯后来又写了《2052》，这本书非常有意思，专门探讨了2052年中国跟世界的关系。他在里边有一个很有意思的观点：2052年的时候，物质的变化以及非物质的变化，会导致一个最重要的东西——"2052的时代精神"出现。

因为时代不同，"人"改变了，而这一点，对管理的挑战最大。管理一直要解决的核心问题就是：人与组织、目标的关系。时代不同，人与组织的逻辑都会改变，并且改变巨大。从农业社会、工业社会到

信息社会，在社会变化中，对人的要求变了——农业社会要体能，工业社会要知识，信息社会要创意。也正是因为这样，员工与组织的关系也变了，从劳工关系变成雇用关系、伙伴关系。组织的逻辑也得改变：管控的直线逻辑变成分责分权的层级逻辑，再变成今天合作伙伴的平等的网状关系。今天做管理研究为什么比较困难？这是因为人与组织的很多东西都调整了，管理随之就要做出一些根本性的调整。

面向未来，对于企业的管理者来讲，有四个最重要的关键词——技术、数据、创造与智慧。所以，当你问我什么是真正的驱动力量时，我可以回答你，这四个关键词已经成为最重要的驱动力量：技术在驱动，数字在驱动，创造在驱动，智慧在驱动。当理解到这种力量时，当然就需要真正地改造自己，要有全新的认知，要能够真正地创造，要能够拥抱智慧，要有自己的判断。

我每次上课都会被问："陈老师，你讲的对还是不对？"我说："你不用评价我，你自己决定就好了。因为我用我的角度判断，决定我的行为；你用你的角度判断，决定你的行为。但是，是你的行为决定你的未来，不是我的行为决定你的未来，所以我们需要真正地去回答属于自己的根本性的问题。"

乔根·兰德斯在《2052》一书的最后问了 8 个关于未来的直接问题，而且他给出了答案。[⊖]这些问题非常有趣：

1. 我们会变穷吗	1. 答：我们中有些人会变得贫穷，另一些人不会
2. 未来就业机会充足吗	2. 答：充足
3. 气候问题会对我们造成伤害吗	3. 答：是的，但是在 2040 年前不严重

⊖ 这里提到的 8 个问题的答案仅代表原书作者的个人推测。

（续）

4. 能源会更加昂贵吗	4. 答：是的
5. 年轻一代会心平气和地接受上一代带来的负担吗	5. 答：不会
6. 美国将和中国和平地递交世界领导权吗	6. 答：是的
7. 政府的作用会更大吗	7. 答；越来越多的政府会扮演更重要的角色，但是并非全世界都如此
8. 2052 年的世界会比现在更美好吗	8. 答：答案取决于你的年龄、职业、国籍，或许还包括家庭状况

创造未来比预测未来更重要，答案在你自己手上！

我现在请大家关注的不是他怎么回答，而是你的答案是什么。我并不关心别人的答案，我其实也不关心你可能关心的我的答案。我今天所讲的主题，就是希望你关心你的答案。今天，最重要的实际上是你的选择，为什么？创造未来比预测未来更重要。你的未来就在你自己手上，所以一定是你找答案。你要思考你怎么能得到你的答案。

我刚才所说的一切，其实有人比我说得更好，所以我最后选用别人的话来做我的结束语。凯文·凯利说了一句话给我影响很大："有尊严地放手吧。"我希望你有尊严地放弃所有的成功，我希望你有尊严地放弃你所有得意扬扬的东西，我也希望你有尊严地放弃你过去的一切。当你能够有尊严地去放弃的时候，我相信你会得到答案，可是答案在哪里？又有个人帮你回答了，你想不到会有一个人，唱歌也能拿诺奖对吧？鲍勃·迪伦告诉我们："朋友，答案在风中飘扬。"

我可能是相对乐观的人。在我看来，做企业经营的人最重要的是判断机会，机会如果对你是有利的，你就把它作为你的条件；如果你发现宏观环境对你是不利的，就把它当成空气，必须接受。所以，我们做经营的人一定要记住：答案其实是在我们手中。你只要努力去做，这一定是你的。我们愿意改变，就可以变得很美好，而这一切的决定权都在你的手上。预祝我们2016年有好的成效，2017年有更好的收获，谢谢！

（2016年华夏基石年会讲话整理）

附　录　A

“组织的阻碍是什么”问题搜集列表 1

（截至 2016 年 11 月 29 日 18:00）

序号	问　　题
1	组织结构和组织运作模式都是冰冷的，而一个好的组织应该是有温度的。制造业今天面临生存的挑战，在这种境况下，如何让员工感觉到组织的温度呢
2	面对的最大难题是在业绩下滑期间，员工的绩效激励机制以及组织凝聚力如何提升
3	公司说，历经艰难，又是一轮“减员增效”。最先被减的总是一线员工。工作目标模糊，计划不清，人心浮动。领导层似乎在自我感动……未被减员的，心里也在做以后的出路打算。没有人给出明确的说法，坦诚真的太难？如果一家企业只对股东负责？员工、客户的利益向谁主张？员工觉得被抛弃时，只能被迫做出自保的选择……
4	组织的障碍体现在：组织内成员个人的性格、思维习惯、做事方法以及社交圈、朋友圈等的差异，同时也与组织内业务流程、制度、职位等紧密相关
5	企业如何扭转在员工心中急功近利的形象
6	各自为战，不愿意贡献、共建、共享平台
7	一把手的意识是组织的最大阻碍。一把手是组织的核心，其影响力、导向性是至关重要的
8	组织的阻碍主要是高管或企业家的思维与理念
9	管理中，怎么能让组织成员感受到组织对他们的关怀，以让组织成员可以为组织贡献自己的力量
10	管理层本位意识过强，各部门、各门店之间存在壁垒，如何提升效率

（续）

序号	问　　题
11	组织的难题：如何管理新老员工的不融洽、合作问题，新时代下此问题更易于激化
12	第一次分配到大项目时，会很努力，把一切心思都放在这个项目上。每天晚上加班加点地干，追求任何一个地方都无纰漏，可是干到一半时，领导把我抽调到其他项目了，忽然感到被浇了一盆冷水，感觉公司没有照顾员工的意愿，不重视员工的自我价值实现
13	我面临的组织管理的难题，就是组织中对于自己和他人的定位。初创团队是应该平等合伙，还是应该有领袖？怎样才可以建立起稳健的团队，走过初创期，进入相对稳定的上升通道……
14	本来是一份不错的工作，谈的薪水也不错，但是入职后没多长时间，公司进行了薪水改革，工资一下子低了好多，那种干活的热情一下子就没有了，唉！
15	珠宝行业器材、饰品包装、银饰、翡翠领域渠道商。24年历程，员工总人数240人，年销售高峰5亿元、目前2亿元，有29家关联企业，委托“总公司”管理。“总公司”与29家管理对象没有隶属关系，均为独立法人。“总公司”总经理分别是29家公司的第一大股东。29家公司的股东构成各不相同，分别由二股东经营管理各家分公司（店）。决策与执行平行。政令不通、诸侯割据。为实现集权管理，如何设置组织架构
16	领导缺乏沟通能力、领导力，员工缺乏执行力、积极工作的动力
17	①烦冗的执行计划；②基层班组职业愿景（包括职业规划）的缺失；③领导的权力凌驾，随时更改计划；④团队的凝聚力、共同学习氛围
18	电力系统中的三产如何突破体制，解决增员不增产、到处老好人的问题
19	有影响力的组织者之于组织具有凝聚力，但会使组织变成以领导者为核心的王国，国王的生死也决定了组织的生死，组织缺乏再生能力，而没有强有力的领导者，组织就会变成一盘散沙。组织如何不靠领袖生存，具有自我发展的能力，是组织的核心命题
20	陈老师你好，我是一位正在讲授管理学的教师，一直在关注你的公众号，并受益颇深，在此表示谢意，我的问题是：在组织适应企业战略变革中，如何克服组织的既有惰性，实现战略落地
21	①共同目标不一致，无法充分发挥每个成员的发自内心的工作驱动；②漠视问题，习惯问题
22	我在创业型公司工作，目前遇到的难题是企业缺少坦诚、敞开式的沟通
23	留人太难，贸易型的公司，下面的业务员只要熟悉市场，了解了这行业的业务流程，很多就会自己跳出来单干，对公司的影响挺大的
24	如何引导组织内管理角色的认知和更多正向行为的持续激发

（续）

序号	问　　题
25	目前公司的实际组织管理问题大致有以下几个方面：①领导人：领导人自身的学习能力和管理能力是制约组织发展的第一障碍，当领导不具有这些能力时，如何让组织健康成长发展？②公司组织团队的人才梯队建设：公司已经有近10年未做人才梯队培养，几乎要出现中高层断层，如何有效改善？③公司经营价值观和企业文化的设计、开展、传递转换的能力以及周期是组织执行力的软支持：公司现有的企业文化仅仅是照顾员工业余生活，如何将企业文化与公司战略有效关联起来
26	每个部门之间会形成一个小团体，团体内的人为了共同利益凝结在一起工作，但是这个团体和另一个团体之间存在沟通不畅、责任相互推诿的现象
27	权利与能力是否匹配？它是如何在工作中得以贯穿和执行的
28	组织的障碍：①战略制定层能够和战略分解层做好沟通，保证高管能够成为CEO的手和脚；②高管能够将战略分解到执行层，保证基层和一线员工动作规范，执行到位；③整个组织有以人为本的文化浸润，不只停留在口号上
29	组织因共同目标而设，服务经营，而目标和经营是人设定的，根本上还是人造成的障碍，设计组织和规划的人会成为组织的最大障碍
30	分工、协调、激励是我目前的三道坎
31	没有计划的工作组织，使得每个人在计划、目标上没有达成共识
32	组织既是虚拟的，也是实在的，人格化特征难以避免，关键在于共同愿景的设计。领导者对企业发展并非只有推动作用，有时可能也是阻碍组织发展的重要因素。理性的选择是：减少员工对组织或其领导者心理抵触的不确定性，发展其对非人格化发展目标的认同，同时配备以合理分配的办法，做到激励相容
33	部门人员缺乏活力，对安排的工作推进效率很难且反馈较低，如何破解
34	浅见：①解决组织构成，是否由共同价值目标取向的人组成团队；②定位组织意义，组织的存在是否适应市场或社会的需求；③组织目标的设定和持续更新，能够实现目标的执行力；④对于组织执行力，缺乏执行都会变得不切实际；⑤组织本身的持续更新，组织就像生命，需要新陈代谢，需要有一个机制来保障它的持续更新成长……
35	在县级市场人力资源贫乏（高学历的人不愿到民营中小企业，大量员工年龄偏大但文化程度低、职业化不充分）的环境下，如何实现企业文化的落地建设
36	老板没有成为企业家，还只是一个老板，因为市场、政策等方面的因素，目光短浅，不择手段，组织架构不清晰、不合理，流程混乱，内耗严重，团队没有核心，但企业有百十号员工，有很多把自己的青春奉献给了公司，公司一旦倒闭，他们要失业，生活质量下降

（续）

序号	问 题
37	①企业人力资源市场化程度低，制度及流程陈旧；②员工老龄化严重，干部队伍梯队年龄结构不合理，阻碍年轻人发展；③长期外派员工较多，员工工作、家庭难以平衡
38	①职能型组织如何扁平化；②“互联网 +”应该具体从哪几个方面切入，实现组织平台化共享化，激活前端个体和资源整合；③组织如何分层分级，具体应用在哪里；④人才识别方式
39	组织战略不能连贯有序，如何破解
40	组织战略清晰很重要，但如何有一个清晰的战略很难
41	中高层人员的绩效激励问题，主要表现在如何持续激发人员的自发自觉工作的问题上
42	我们的组织文化缺少激情。表面上是做得多，错得多，不如不做，本质上是大公司官僚体系中不包容，不容错，让做事的人顾虑太多，束缚太多。长此以往，大型制造型企业会出大问题
43	组织的整体开放度不够，怎么办呢（授权、把不是保密的东西当成机密等）
44	我来自大连雨丰集团（鸡全产业链集团公司），我们组织目前的障碍包括：我们是去年 10 月刚成立的集团公司，因快速成立而从行业其他公司聘任各岗位人员，人员思维及行事习惯很难融合，相互的认同感及过去的思维很难纠正。大家都自认为自己是最好的、正确的，这是我们组织目前的障碍
45	升职后，如何调动团队的积极性，如何协调内部人员
46	①目标的设定欠缺有效的依据，觉得目标和资源不匹配；②各中心和各子公司的事情疲于应付；③客户的需求越来越高，供应链的核心资源波动越大
47	您好，陈春花老师！跟着您学习已有半年了，收获颇丰！非常感谢您提供的非常有价值的学习文章！我的公司目前最大的问题是共同的社会经营环境认知问题和高管的专业技术提高问题
48	陈教授好，我是您的忠实粉丝，您的所有书，我都拜读过了，可以说，是您陪着我度过每一天，您的《高效能青年人的七项修炼》，是我们的内部教材。我是做美甲 + 互联网连锁的，员工目前有 300 多名，我遇到的问题是：前台业务员工年轻小，不够职业，在心态教育训练的过程中，用时很长；后台 IT 和运营人员多，学历很高，但是心气也高，前后思维融合时间长，对我的要求很高。求解
49	陈老师，您曾经说过，对上要管理。在一家传统企业中，互联网业务部门的负责人，如何对上管理？老板一方面认识到互联网带来的机会和挑战，另一方面思维方式还是偏传统，公司各种制度与互联网差异比较大，在这种情况下，如何处理“对上管理”这个问题？谢谢

（续）

序号	问　　题
50	组织的领导者将组织结构变成可以随意搭建的玩具，随便组合，导致组织内人员极速膨胀，沟通效率缓慢，业务的专业性下降，最重要的是员工团队没了士气，业绩目标难以实现。在这种情况下，HRD 应该怎样做
51	中干没有激情，队伍过于稳定，流动性不足，怎么办
52	组织的阻碍是企业领导人格局、视野、胸怀的阻碍，战略目标不清晰，不知道企业现阶段的定位是什么，因此组织架构与战略不匹配（业务链、商业模式、人才结构、管理跨度等），在企业运作过程四处碰壁
53	从实践中遇到的情况看，组织的障碍是：①目标多元化导致资源投入难保证目标实现；②组织的运作方式及文化固化，难以支持组织价值创造模式的转型
54	和不同年龄段的员工沟通，形成共同的价值观
55	公司小股东、高管、员工，阳奉阴违，自私自利，但公司对他不薄，如何无法杜绝此类人
56	公司高管缺少企业家精神，将自己定位为职业经理人，如何才能与企业同呼吸共命运
57	架构随着发展而改变，只有紧跟发展而调整组织架构才能持续发展，就像生产力和生产关系一样
58	产品供不应求，市场很好，利润率 20%，但是车间就是生产不出量，厂长说工人不加班！我觉得还是协调能力有问题！纠结！请陈教授指点迷津
59	在组织中，有一个问题让我非常困惑。我是公司老员工，属中层，带团队年年夺冠，对公司非常忠诚，在组织出现重大冲击时，非常坚定地站在公司一方，维护公司利益。但现在因新来的上级要全部换上自己带起来的人，并得到了总裁支持，总裁讲即使新人现在暂时有心无力，也要提拔重用，且在最新的组织搭建中，老员工受到打压，新提的副总就是这位女士（与总裁关系不同寻常）。大家内心并不服气，公司内部多个高管都看不懂这样铺牌的用意，但敢想不敢言。总裁是大家多年来认可的总裁，现在的做法让人费解，很多人猜测一定有问题，但不好说，恳请指导
60	我是工业电器设备制造商，公司成立已有 13 年了，行业前景不错，公司也健康稳步发展，属于技术型企业，自己研发、生产及销售产品。由于产品比较专业、小众，很难招聘到现在的研发及销售人才，培养人才需要较长时间，少则一两年，多则三四年，“人才”有一定能力后，要求很多，或者很难留得住，现在问题是想进一步做强做大，如何组织及留住人才

“组织的阻碍是什么”问题分类列表 2

（截至 2016 年 11 月 30 日 19:00）

序号	问　　题
	战　　略
1	事业部有三块业务：系统集成、自研产品和教育信息化业务。目前老板想进一步划小业务单元，一分为三，也涉及管控和授权边界，原来后勤部门分拆，人员重新配置，选聘经理人，进行考核和激励方案设计等。从跟事业部领导沟通的情况看，他们觉得关键问题还是业务战略的问题。如果是战略的问题，组织架构调整是不是也不能解决问题
2	事业部连续三年进行班子调整，总部对事业部进行了一定程度的授权，人和财需要总部审批，业务战略基本上由事业部自己来定。每次调整都是一次内耗，调整后业绩亏损更多，有点积重难返的状态。今年又面临调整，老板觉得没有人能堪大任。不知道老师有没有什么建议
3	我所在的企业可能和大多数企业一样在快速发展的同时也在极速地变革和转型，瓶颈在于部分核心企业创始人管理层，一方面有些个人的模式很难转变；另一方面因为是走过初创期的管理人员，掌握重要资源（客户、信息等，且有跟随者）。怎么办？转变很难，不变就死，抛弃这些人员牵扯面太大
	价值观讨论
1	组织的障碍：小企业是最高领导人的思维模式
2	短期业绩与长远规划的矛盾，当长远规划必须损失短期业绩时，经理人该如何选择
3	组织遇到的最大管理难题就是高管的经验主义阻碍公司的发展
4	老板的颠覆性思维、跳跃性思维与组织需要达成目标的既定排期形成矛盾
5	企业总经理管理强势，关注细节，对下属要求高，经常直接否定下属的意见和批评，分管领导工作越来越缩手缩脚，不愿思考。现在总经理对分管领导越来越不满意，分管领导越来越无工作激情。请问如何能促进领导班子有效协作
	组 织 架 构
1	对于创业者来说，最大问题是如何组建团队，如何克服组织障碍，才能够让组织高效运作，这里面可能就涉及组织的顶层设计，那么对于创业者来说，组织顶层设计需要注意什么问题
2	传统企业的职能型组织，本位主义严重，如何与项目型组织相结合

（续）

序号	问　　题
	员工激励与考核
1	公司的薪资低，导致员工和干部素质不高，工作激情和学习欲望不高，公司不愿意提高人力成本，导致员工素质一直不高，有时候甚至导致人员太多，公司董事会不肯改变人力资源观念，不肯提高人力资源成本
2	企业的产品研发中心如果是独立的组织，该如何计算绩效呢
3	企业产品研发部门如何体现绩效？人员如果是从业务部门转移过来的，如何按月领取绩效工资呢
4	制定了复杂繁多的流程，如何实现高效率的运行？又能如何使用流程调动员工的工作积极性和主观能动性，而不是死板地按流程办事
5	员工的工作积极性调动问题。多数人都觉得现在挺好的，不接受改变，工作效率不高，新的标准化工作推行不下去。陈老师说的“激活个体”应该怎么激活呢？有没有好的实践
6	在团队中，能人多协作有问题，庸人多又没成绩
	员 工 关 系
1	新老员工的融合问题
	其 他 问 题
1	创新是组织获得竞争优势最有效的方式之一，自熊彼特提出创新以来，无论是学术界还是实业界对企业创新的问题都特别关注。但是我想知道的是目前衡量企业创新的标准是什么？企业应该关注创新的哪一个部分（投入还是产出）？如何建立一种生态创新系统
2	感觉每一个相关方都想对利益雨露均沾，但做事的时候又想搭便车，不肯尽心尽力。请问怎么规避这种“搭便车”困境呢
3	任何管理思想、管理工具学起来都是很容易的，比如绩效考核、精益生产，找几本书上几堂课就可以学会。但从学会到导入组织，使之成为组织成员认同的思想或工具，并开始发生效力，这个阶段是最难的，即使高薪聘请顾问也未必能轻易实现。请教
4	没有制度一团乱，有制度、有流程落实不了，效率还低

参考文献

[1] 维克托·迈尔－舍恩伯格，肯尼思·库克耶 . 大数据时代 [M]. 盛杨燕，周涛，译 . 杭州：浙江人民出版社，2013.

[2] 凯文·凯利 . 失控 [M]. 张行舟，陈新武，王钦，译 . 北京：电子工业出版社，2016.

[3] 凯文·凯利 . 技术元素 [M]. 张行舟，余倩，译 . 北京：电子工业出版社，2012.

[4] 任正非 . 一江春水向东流 [EB-OL]. [2013-12-26]. http://finance.ifeng.com/business/special/fhsd46/.

[5] 田涛，吴春波 . 下一个倒下的会不会是华为（珍藏版）[M]. 北京：中信出版集团，2016.

[6] 郭士纳 . 谁说大象不能跳舞 [M]. 张秀琴，音正权，译 . 北京：中信出版集团，2015.

[7] 陈涛，柯恩 . 同仁堂健康：百年老字号的互联网转型 [EB-OL]. [2015-07-03]. http://www.ebusinessreview.cn/articledetail-275116.html.

[8] 陈春花，任顾，李飞 . 组织管理案例与公案教学（第一季）[M]. 北京：机械工业出版社，2016.

[9] 拉姆·查兰 . 求胜于未知 [M]. 杨懿梅，译 . 北京：机械工业出版社，2015.

[10] 黎万强 . 参与感 [M]. 北京：中信出版社，2014.

[11] 黄铁鹰 . 褚橙你也学不会 [M]. 北京：机械工业出版社，2015.

[12] 彼得·德鲁克 . 管理未来 [M]. 詹文明，译 . 北京：机械工业出版社，2009.

[13] 克莱顿·克里斯坦森 . 创新者的窘境 [M]. 胡建桥，译 . 北京：中信出版社，2013.

[14] 杨勇，韩树杰 . 中国式众筹 [M]. 北京：中信出版集团，2015.

[15] 安娜贝拉·加威尔，迈尔克·库苏麦诺．平台领导 [M]. 袁申国，刘兰凤，译．广州：广东经济出版社，2007.

[16] 怀特海．教育的目的 [M]. 庄莲平，王立中，译．上海：文汇出版社，2012.

[17] 陈春花．激活个体 [M]. 北京：机械工业出版社，2015.

[18] 高扬．《财富》年度中国商人：中国最成功职业经理人的成长史 [EB-OL]. [2017-01-18]. http://www.fortunechina.com/business/c/2017-01/18/content_277335.htm.

[19] 陈春花，赵曙明，赵海然．领先之道（修订版）[M]. 北京：机械工业出版社，2016.

[20] 彼得·德鲁克．管理的实践（珍藏版）[M]. 齐若兰，译．北京：机械工业出版社，2009.

[21] Levitt T. Marketing Myopia [J]. Harvard Business Review，1960，54（5）：45-56.

[22] 娄月．探路者盛发强：传统企业必须从经营渠道向经营用户转型 [EB-OL]. [2015-01-25]. http://www.iheima.com/top/2015/0125/148992.shtml.

[23] 弗雷德里克·泰勒．科学管理原理 [M]. 马风才，译．北京：机械工业出版社，2007.

[24] 曾鸣，宋斐．云商业的大创想 [EB-OL]. [2012-09-03]. http://www.ebusinessreview.cn/articledetail-159126.html.

[25] 罗恩·阿什肯纳斯，戴维·尤里奇，托德·吉克，史蒂夫·克尔．无边界组织：移动互联时代企业如何运行（原书第2版）[M]. 姜文波，刘丽君，康志军，译．北京：机械工业出版社，2016.

[26] Marco Iansiti. "生态圈"引发商业成功 [EB-OL]. [2005-09-18]. http://www.chinavalue.net/announce/ccidentnews.htm.

[27] Kim S, Lee J, Yu K. Corporate Culture and Organizational Performance [J]. Journal of Managerial Psychology, 2004，19（4），340-359.

[28] Barney J. Organizational culture: Can It Be a Source of Competitive Advantage? [J]. Academy of Management Review, 1986，11（3）：656-665.

[29] 陈春花．从理念到行为习惯：企业文化管理 [M]. 北京：机械工业出版社，2011.

[30] 刘铮铮．阿里巴巴 CEO 卫哲：价值观是训练出来的 [J]. 中欧商业评论，2009，（1）：134-136.

[31] 林颖颖，郭紫薇．企业招聘面试设"闻味官"评估价值观 [EB-OL]. [2009-11-03].

http://sh.xinmin.cn/minsheng/2009/11/03/2845843.html.

[32] 陈春花，刘祯．阿里巴巴：用价值观领导“非正式经济事业”[J]. 管理学报，2013，10（1）：22-29.

[33] 彼得·德鲁克．创新与企业家精神 [M]. 蔡文燕，译．北京：机械工业出版社，2009.

[34] 霍华德·舒尔茨，多莉·琼斯·扬．将心注入 [M]. 文敏，译．北京：中信出版集团，2015.

[35] 陈国海．组织行为学 [M]. 北京：清华大学出版社，2008.

[36] 杨锡山等．西方组织行为学 [M]. 北京：中国展望出版社，1986.

[37] 陈春花，曹洲涛，刘祯，乐国林等．组织行为学：互联时代的视角 [M]. 北京：机械工业出版社，2016.

[38] 稻盛和夫．阿米巴经营 [M]. 曹岫云，译．北京：中国大百科全书出版社，2016.

[39] 克里斯·阿吉里斯．个性与组织 [M]. 郭旭力，鲜红霞，译．北京：中国人民大学出版社，2007.

[40] 陈维政，张丽华，忻榕．转型时期的中国企业文化研究 [M]. 大连：大连理工大学出版社，2005.

[41] 陈春花，杨忠，曹洲涛等．组织行为学（第 3 版）[M]. 北京：机械工业出版社，2016.

[42] 陈春花，宋一晓，曹洲涛．组织支持资源影响员工幸福感的内在机理：基于视睿科技的案例研究 [J]. 管理学报，2014，11（2）：206-214.

[43] 和君咨询．时代呼唤合伙人制 [EB-OL]. [2016-08-17]. http://money.163.com/16/0817/11/BULSS2EG002557RH.html.

[44] Voydanoff P. Implications of Work and Community Demands and Resources for Work-to-Family Conflict and Facilitation [J]. Journal of Occupational Health Psychology, 2004，9（4）：275-285.

[45] Mesmer MJ, Dechurch LA, Jimenez M. Coworker Informal Work Accommodations to Family: Scale Development and Validation [J]. Educational and Psychological Measurement. 2010，70（3）：511-531.

[46] 李晏墅，李晋．员工幸福的快乐管理探索 [J]. 经济管理，2007，29（8）：4-8.

[47] William James. Varieties of Religious Experience [M]. New York: Mentor, 1902.

[48] Kathryn M Page, Dianne A Vella-Brodrick. The “What”，“Why” and “How” of Employee Well being: A New Model [J]. Social Indicators Research. 2009，90

（3）：441-458.

[49] 蒲德祥 . 幸福组织：概念、思想溯源及研究框架 [J]. 安徽师范大学学报：人文社会科学版，2012，40（2）：177-184.

[50] 创业邦 . 亚马逊 CEO 年度股东信：Prime 会员服务、市场平台以及 AWS 云计算平台为三大支柱 [EB-OL]. [2016-04-06]. http://finance.jrj.com.cn/tech/2016/04/0608 1820788712.shtml.

[51] 李智超，罗家德 . 透过社会网观点看本土管理理论 [J]. 管理学报，2011，8（12）：1737-1747.

[52] 马春荃 . 自组织能力：床头企业的组织进化愿景 [J]. 清华管理评论，2014，（7）：38-45.

[53] 彼得 · 德鲁克 . 管理：使命、任务、实务 [M]. 王永贵，译 . 北京：机械工业出版社，2009.

[54] 绪方知行，田口香世 . 零售的本质：7-Eleven 便利店创始人的哲学 [M]. 陆青，译 . 北京：机械工业出版社，2016.

[55] 陈春花，赵海然 . 争夺价值链 [M]. 北京：机械工业出版社，2016.

[56] 刘海潮 . 基于价值网络的战略变化效应扩散机制 [J]. 科学学与科学技术管理，2007（11）：110-113.

[57] 曾涛 . 系统锁定：网络时代的商业智慧 [M]. 北京：机械工业出版社，2010.

[58] 罗柏特 · 伯格曼 . 战略就是命运 [M]. 高梓萍，译 . 北京：机械工业出版社，2004.

[59] 李麦可 . 在星巴克遇见德鲁克：和大师一起喝咖啡、谈管理、聊人生 [M]. 北京：化学工业出版社，2013.

[60] 姜岚昕 . 领导无形管理有行 [M]. 北京：机械工业出版社，2010.

[61] 周掌柜 . 任正非的苦难辉煌 [EB-OL]. [2016-07-27]. http://www.ftchinese.com/story/ 001068631?full=y.

[62] 霍华德 · 舒尔茨，乔安 · 戈登 . 一路向前 [M]. 张万伟，译 . 北京：中信出版集团，2015.

[63] 稻盛和夫 . 领导者的资质 [M]. 曹岫云，译 . 北京：机械工业出版社，2014.

[64] 德内拉 · 梅多斯，乔根 · 兰德斯，丹尼斯 · 梅多斯 . 增长的极限 [M]. 李涛，王智勇，译 . 北京：机械工业出版社，2013.

[65] 乔根 · 兰德斯 . 2052：未来四十年的中国与世界 [M]. 秦雪征，谭静，叶硕，译 . 南京：译林出版社，2013.

陈春花管理经典

关于中国企业成长的学问

企业如何为顾客创造价值，实现可持续的增长。好的企业不是规模有多大，能挣多少钱，而是能不能可继续增长，能不能贡献顾客价值。

核心关键词：价值、增长、成长，对顾客来说是价值，对企业来说是增长，对企业成员、企业家和合作伙伴来说是成长。

书名	ISBN	定价
从理念到行为习惯：企业文化管理（珍藏版）	978-7-111-54713-6	49.00
我读管理经典（珍藏版）	978-7-111-54659-7	45.00
激活个体：互联时代的组织管理新范式（珍藏版）	978-7-111-54570-5	49.00
中国领先企业管理思想研究（珍藏版）	978-7-111-54567-5	59.00
企业文化塑造	978-7-111-54800-3	45.00
冬天的作为：企业如何逆境增长（修订版）	978-7-111-54765-5	45.00
成为价值型企业	978-7-111-54777-8	45.00
回归营销基本层面	978-7-111-54837-9	45.00
领先之道（修订版）	978-7-111-54919-2	59.00
争夺价值链	978-7-111-54936-9	59.00
经营的本质（修订版）	978-7-111-54935-2	59.00
管理的常识：让管理发挥绩效的8个基本概念（修订版）	978-7-111-54878-2	45.00
高成长企业组织与文化创新	978-7-111-54871-3	49.00
中国管理问题10大解析	978-7-111-54838-6	49.00
超越竞争：微利时代的经营模式（修订版）	978-7-111-54892-8	45.00
经济发展与价值选择	978-7-111-54890-4	45.00

春暖花开系列

书名	ISBN	定价
让心淡然（珍藏版）	978-7-111-54744-0	59.00
在苍茫中点灯（珍藏版）	978-7-111-54712-9	39.00
手比头高（珍藏版）	978-7-111-54697-9	39.00
让心安住（珍藏版）	978-7-111-54672-6	49.00
高效能青年人的七项修炼	978-7-111-54566-8	39.00
大学的意义	978-7-111-54020-5	39.00
掬水月在手	978-7-111-54760-0	39.00
波尔多之夏	978-7-111-55699-2	49.00

陈春花

北京大学国家发展研究院教授，华南理工大学工商管理学院教授，新加坡国立大学商学院客座教授，新华都商学院创始教授。先后出任新希望六和股份有限公司联席董事长兼首席执行官，山东六和集团总裁。

投稿热线：(010) 88379007
客服热线：(010) 68995261 88361066
购书热线：(010) 68326294 88379649 68995259

华章网站：www.hzbook.com
网上购书：www.china-pub.com
数字阅读：www.hzmedia.com.cn

上架指导：企业管理

ISBN 978-7-111-56578-9

定价：49.00元

How to be a Good

REPRESENTATIVE OF WORKERS

怎样当好职工代表

第2版

职工代表履职知识问答

王珍宝◎编著

中国工人出版社